漢字

기탄 교과서 한자가 초등 한자교육의 기준이 되겠습니다

기탄의 교육이념과 함께 하며 자녀 교육을 몸소 실천해 주신 수백만 학부모님의 사랑으로 이제 기탄은 학부모님께 자녀교육의 기본이자 시작으로 인식 되고 있습니다. 값비싼 사교육비를 들이지 않고도 '과연 내 아이를 잘 가르칠 수 있을까?' 하고 의구심을 가졌던 분들도 기탄으로 자신 있게 가르치며 남다른 학습효과를 보고 있다고 이구동성으로 말씀하십니다.

최근 들어 기탄교재로 공부하는 어린이들이 폭발적으로 증가하고 있는 것은 그 동안 타성에 젖어 비싼 사교육에만 의존하던 학부모님들의 의식에 일대 변혁이 일어나고 있다는 증거이며, 자녀교육의 새로운 시작을 알리는 메시지라고 생각합니다.

초등한자의 바이블! 기탄교과서한자입니다

기탄교육은 기탄한자(A~D단계) 이후 학습할 수 있는 한자 학습프로그램을 만들어 달라는 학부모님들의 많은 성원에 힘입어 새롭게 기탄교과서한자를 선보이게 되었습니다. 기탄교과서한자는 기탄한자의 연계 학습프로그램으로 초등교과서 90여권을 총 분석, 10만여 한자어를 정리한 방대한 데이터베이스를 확보하였습니다. 이 중 교과서 출현 빈도, 중학교 교육용 필수 한자 범위 내에서 530여 한자어를 국어, 수학, 사회과 탐구 등 다양한 영역의 한자를 학습하게 했습니다.

특히 학교별 학력평가시험(일제고사) 부활로 인해 교과별 영역별 성적표에 성취도가 등급화 되는 것을 반영, 초등 교과서에 실린 각 과목의 한자어와 교과서 유형 문장학습으로 예습, 복습의 효과와 기초 논술력까지 길러 줍니다. 뿐만 아니라 한자 카드, 쓰기 보따리, 형성평가가 입체적인 한자 학습을 이끌어갑니다. 또한 중국어에 대한 관심이 늘어가는 것을 고려, 간체자를 익혀 중국어 학습의 연계와 어학능력 계발의 기회를 마련하였습니다. 기탄한자에서 기탄교과서한자까지! 이제 유·초등 한자교육은 기탄한자에 맡겨 주십시오.

부모가 바뀌지 않으면 아이도 바뀌지 않습니다

무조건 비싼 사교육비를 들여서 아이를 남에게 맡긴다고 성적이 좋아지는 것은 아닙니다.

자녀교육은 부모의 사랑과 관심이 있어야 학습효과가 배가됩니다. 이제부터 부모님이 직접 챙겨주세요.

무조건 사교육에 우리 아이들을 맡기기 보다는 아이들 스스로 공부하는 힘을 길러줄 수 있도록 기초교육만큼은 부모님께서 직접 챙겨주세요. 앞으로도 기탄교육은 자녀와 함께 공부할 수 있는 최상의 교재를 만들기 위해 항상 먼저 학부모님의 마음을 들여다 보며 최선의 노력을 다하겠습니다.

기탄을 사랑하는 대한민국 모든 학부모님께 진심으로 감사의 말씀을 드립니다.

(주) 기탄교육 임직원 일동

기탄교과서한자는
초등학교 교과서에 쓰인 한자어를
총체 분석한 어휘력 향상 한자 학습 프로그램입니다

- **초등학교 교과서 90여권을 총분석, 교과서에 쓰인 한자어를 집대성한, 방대한 데이터베이스를 갖추어 학습 한자어를 선정, 발췌하였습니다.**

  기탄교과서한자는 지금까지 어떤 학습지사에서도 시도하지 않은 과학적, 실용적인 한자어 선정 작업을 거쳤습니다. 초등학교 교과서 90여권에 쓰인 한자어 분석 작업을 성균관대학교 한문학과 학생들에게 의뢰하여 10만여 한자어를 정리한 방대한 양의 데이터베이스를 갖추었습니다. 이중 교과서 출현 빈도와 실용도, 한자 학습상의 난이도를 고려하고, 중학교 교육용 필수한자의 범위 내에서 530여 한자어를 선정하여 국어, 수학, 사회과 탐구, 음악, 미술 등 다양한 영역에서 실용도 높은 한자어를 학습하게 됩니다. 또한 커리큘럼의 전개 방식은 학습자들이 낱낱의 한자 암기가 아닌, 교과서 예문 유형의 문장 속에서 한자와 한자어의 쓰임을 체득하여 어휘력을 신장시킬 수 있는 한자 학습 프로그램입니다.

- **낱개의 한자 학습 뿐만 아니라 언어 사고력을 높여 초·중·고등학교의 학력 평가와 논술의 기초 능력을 길러 줍니다.**

  초·중·고등학교의 시험이 달라집니다. 8년 전 폐지되었던 학교별 학력평가 시험(일제고사)이 시행되고 교과별, 영역별 성적표에 성취도가 등급화 되어 반영됩니다. 또, 2007학년도부터 중·고등 내신평가에서 종전의 단답형 시험유형을 줄이고 논술, 서술형의 시험문항 출제 비중이 50%로 확대되어 집니다. 기탄교과서한자는 초등학교 교과서에 실린 각 과목의 한자어와 교과서 유형 문장 학습으로 학습내용의 예습, 복습의 효과와 논술의 기초 능력까지 길러 줍니다.

- **학습자 스스로 한자의 무궁무진한 조어(造語)기능, 의미 함축 기능, 의미 확인 기능을 직접 체험할 수 있도록 구성하였습니다.**

  ▶ 기탄교과서한자에서는 기초과정에서 이미 학습한 한자와 새로 배우는 한자를 더하여 교과서에 쓰인 한자어를 익히게 됩니다. 이러한 학습 과정을 통해 한자가 가진 조어력(造語力)을 아이들 스스로 체험해가며 조어와 독해의 원리까지 깨닫게 됩니다.

  信 + 用 … 信用 언행이나 약속이 틀림이 없을 것으로 믿음
  　 + 義 … 信義 믿음과 의리
  　 + 念 … 信念 굳게 믿어 의심하지 않는 마음

  ▶ 기탄교과서한자에서는 한자의 의미함축 기능을 익혀 전문화된 용어의 이해를 돕고, 아이들이 사용할 수 있게 됩니다. 한자는 뜻글자로서 하나의 한자마다 뜻을 함축하고 있어 전문용어나 고등지식의 습득을 용이하게 합니다.

  투수? … 던질 투(投) 손 수(手)
  　　　　그러면 던지는 손. 아하! 던지는 사람
  … 사전적 의미
  　　야구에서 내야의 중앙에 위치하여 포수를 향해
  　　공을 던지는 사람

  ▶ 기탄교과서한자에서는 한자의 의미 확인 기능을 익혀 언어의 바른 의미를 쉽게 파악할 수 있습니다. 한글로 쓰인 '의사'는 대략 8개 정도의 뜻을 지니고 있어 醫師(의사)인지, 意思(의사)인지, 아니면 義士(의사)인지 알기 어렵습니다. 그러나 한자를 익히면 의미가 명시적으로 드러나 그 뜻을 바로 확인할 수 있습니다.

  의사 … 意思 : 무엇을 하려고 하는 생각이나 마음
  　　　 … 義士 : 의리와 지조를 굳게 지키는 사람
  　　　 … 醫師 : 의술과 약으로 병을 고치는 직업에 종사하는 사람

기탄교과서한자는
낱개의 한자 학습 뿐만 아니라 언어 사고력을 높여
논술의 기초 능력까지 향상시키는 프로그램입니다

- **초등학교 교과서에 쓰인 한자어를 학습합니다.**
  초등학교 교과서에 쓰인 중학교 교육용 한자 900자 범위의 한자어를 사용 빈도, 출현 횟수, 한자 학습상의 난이도를 고려하여 학습 한자와 한자어를 선정하였습니다. 이는 종래의 한자 중심의 배열방식에서 벗어나 실용한자를 익혀 학습자의 언어 사고력을 높여 학습능력을 높이는 학습목표를 담아낸 것입니다.

- **한자의 특성을 학습자가 체험하며 깨닫는 원리체험 학습 프로그램입니다.**
  한자가 갖는 문자학적 특징은 조어력, 의미 함축성, 의미 명시성이 있습니다. 기탄교과서한자에서는 학습자가 스스로 이러한 특성을 깨달을 수 있게 됩니다. A~D단계의 학습으로 기초적인 상형, 지사자를 익힌 아이들은 기초적인 한자와 새로 배우게 될 한자의 결합, 즉 조어(造語)과정을 몸소 체험하며 깨달을 수 있게 됩니다. 이러한 경험으로 처음 만나는 단어를 접할지라도 그 의미를 유추하고 파악할 수 있는 능력을 기르도록 개발되었습니다.

- **문학, 인문, 역사, 위인, 실용문 등 다양한 영역의 폭넓은 소재를 통해 한자를 흥미롭게 학습합니다.**
  교과서에 실린 한자어를 교과서 유형의 단문 뿐만 아니라 다양한 글감들을 통해 심화학습하게 됩니다. 동화작가의 창작동화, 위인이야기, 시, 신문, 전래동화 등 문학, 인문, 역사, 위인, 실용문 등을 통해 한자를 흥미롭게 익힐 수 있도록 구성하였습니다.

- **기출 한자의 복습 재생으로 파지 효과를 높일 수 있습니다.**
  3주마다 한 번씩 독립된 복습주를 운용하여 학습내용의 파지 효과를 높일 수 있습니다. 또 매 장마다 앞서 배운 한자를 하단에 기재하여 교재내의 사전적 기능을 높이고 자학자습이 가능하도록 구성하였습니다.

- **한자 카드, 쓰기 보따리, 형성평가를 이용한 입체적 학습 방법론을 제시하였습니다.**
  학습지를 읽고 풀이하는 학습과 병행하여 한자 카드를 통한 훈음 기억 학습, 쓰기 보따리를 이용한 한자 암기 학습, 형성평가를 통한 자가 진단 등 주교재 이외의 학습 도구를 제시하였습니다. 이러한 보조교재들을 통해 아이들은 지루하지 않게 한자를 익히고 실력을 향상 시킬 수 있습니다.

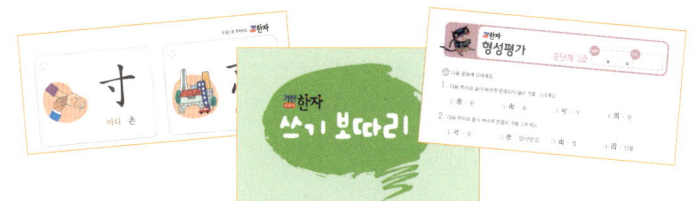

- **간체자를 익혀 중국어 학습의 연계와 어학 능력 계발의 기회를 마련하였습니다.**
  학습 한자에 해당되는 간체자를 제시하여 한자 학습의 실용도를 높였습니다. 간체자를 아이가 모두 암기하지 못하더라도 간체자의 개념을 알게 되고, 중국어 학습에 자발적인 흥미유발의 기회가 될 수 있습니다.

어렸을 때 배운 한자는 평생을 통해 활용됩니다
한자 학습의 중요성이 날로 높아지고 있습니다

● 한자 학습은 왜 필요할까요?

한자 학습은 이제 선택이 아닌 필수가 되었습니다. 우리의 언어 생활에 반드시 필요한 영역이라는 인식과 함께 한자가 지닌 학문적 전이성, 시대적 필요성 등이 재해석 되고 있기 때문입니다.

첫째, 우리말의 70% 이상이 한자어로 이루어졌기 때문에 기본적인 언어 생활에 도움을 줍니다. 곧 우리말을 바르게 이해하고 올바른 국어 생활을 하기 위해서는 한자를 아는 것이 필수적입니다.

둘째, 국어, 수학, 사회, 역사, 외국어 등 다른 학과 공부에 많은 도움을 줍니다. 예를 들어 수학을 공부할 때 분자(分子), 분모(分母), 분수(分數) 등 한자를 알고 있는 아이라면 수학의 개념도 훨씬 더 쉽고 정확하게 이해할 수 있습니다. 이렇게 한자는 타과목의 도구 교과적인 성격을 갖고 있습니다.

셋째, 어휘력과 이해력의 신장으로 문장 의미 파악이 쉬워져 책을 가까이 하는 아이로 만들어 줍니다. 한자는 조어력(造語力)과 의미 함축성이 매우 뛰어난 문자입니다. 이러한 이유로 전문서적이나 학술 용어 등은 한자로 표현되어 있습니다. 많은 양의 독서 경험은 곧 아이의 생각하는 힘과 창의력을 길러 줍니다.

넷째, 한자나 한문에는 선인들의 지혜와 윤리관이 배어 있어 바람직한 가치관과 예의범절을 배울 수 있습니다. 고전, 명문 속에 담긴 효행, 우애, 경로 등 사상적인 유산을 통해 바람직한 가치관을 가질 수 있고 나아가 사람이 해야 할 도리, 어른을 공경하는 자세, 학문을 배우는 자세 등도 익힐 수 있습니다.

● 한자 학습의 추세는 어떤가요?

한자 사용을 사대주의적 발상, 중국의 문자 차용이라고 보는 종전의 시각에서 벗어나 이제는 우리 언어의 일부라는 인식이 확대되어 초등학생부터 성인까지 한자 학습 열풍이 불고 있습니다.

첫째, 한자능력검정시험의 자격증이 국가 공인 자격증으로 인정됨에 따라 유아~성인에 이르기까지 한자 학습 붐이 일고 있습니다.

둘째, 21세기의 주역으로 한자 문화권이 급부상함에 따라 중국어, 일본어의 기초로서 한자 학습의 열기가 높아지고 있습니다. 한자는 세계인구의 1/4이 사용하고 있는 국제 문자로서 앞으로 그 중요성은 날로 높아질 것입니다.

셋째, 2005년부터 대학 수학 능력 시험 외국어 영역에 한문 과목이 추가되고 중·고등학교의 시험 출제 유형에서 논술 유형 출제 비중이 높아짐에 따라 한자 학습의 조기 교육이 일반화되어 가고 있는 상황입니다.

넷째, 대부분의 초등학교에서 재량시간으로 한자 학습을 시행하고 있습니다. 70년대 이후 한자 교육을 전혀 받지 못했던 부모님들과는 달리 현재 대부분의 초등학생들이 한자를 배우고 있습니다.

다섯째, 각종 공문서, 도로 표지판 등에 한자를 병기하는 국가 정책과 경제계, 교육계 등 각계의 한자 학습 요구에 대한 발표로 한자 학습의 중요성은 더욱 높아지고 있는 상황입니다.

한자 학습은 아이의 두뇌를 개발해 줍니다
한자 학습의 체계! 기탄한자가 잡아 줍니다

● 한자 학습의 효과는 무엇인가요?

▶ 한자는 그림에서 시작된 문자로서 구체적 이미지 자체가 곧 문자가 되었습니다. 이러한 시각적 이미지를 통한 학습은 곧 아동의 우뇌를 자극해 줍니다.

▶ 한자는 하나의 기초 개념에서 새로운 개념을 창출해 나갑니다. 이러한 과정을 통하여 아동의 창의력, 어휘력을 길러 줍니다.

▶ 한자는 저마다의 뜻, 소리, 모양을 각기 지닌 문자입니다. 이렇게 저마다의 뜻과 소리, 모양을 분석하는 연습을 통해 아동의 좌뇌 발달을 돕습니다.

▶ 한자는 부수와 몸이라는 수많은 부속품들의 조합으로 이루어진 문자입니다. 이러한 부속품들의 분리와 합체 과정을 통해 아이의 좌뇌를 발달하게 하고 논리력, 분석력을 키워 줍니다.

▶ 한자가 갖는 문자학적 특징은 조어력, 의미 함축성, 의미 명시성이 있습니다. 이미 만들어진 한자와 한자를 결합하여 새로운 단어를 만드는 조어력, 의미를 함축적으로 표현할 수 있는 의미 함축성, 의미가 바로 드러나는 의미 명시성이 있습니다.

한자 학습의 연구가 활발히 이루어지는 일본에서는 한자 학습의 시기가 빠를수록 좋다고 합니다. 그것은 우뇌 발달 시기인 6세 이전에 표의문자를 더 쉽게 받아들일 수 있으며, 초등학교 1학년 때가 가장 높은 효과를 보인다는 주장입니다. 그러므로 어른들의 관점으로 한자가 유아들에게 어렵다는 편견은 버려야 하며 한글을 어느 정도 읽을 수 있는 시기라면 한자 학습의 적기라고 할 수 있습니다.

● 기탄한자는 어떻게 구성되었나요?

▶ 기탄한자는 그림과 놀이로 시작하는 기초 한자 과정에서부터 고전명저의 명문장까지 한자 학습의 체계를 세우는 프로그램입니다. 중학교 교육용 한자 900자의 범위에서 기초한자(낱자)과정 ➜ 조어(교과서 한자어)과정 ➜ 문장(고전)과정의 학습까지 한자 학습의 체계를 세우는 학습목표로 개발되었습니다.

▶ 기초한자(낱자)과정(A단계~D단계)에서는 한자를 처음 시작하는 유아에서 한자 학습의 경험이 없는 초등학교 2학년생을 대상으로 상형자, 지사자 등 쉬운 개념의 기초한자 168자를 익히게 됩니다.
시각 이미지를 통한 그림한자의 각인과 다양한 부교재를 통한 놀이 학습으로 재미있게 학습하는 특성을 지니고 있습니다. 또, 최고의 일러스트와 세련된 디자인으로 아동의 정서적 심미감을 기를 수 있는 프로그램입니다. 기존의 한자 교재와는 차별화된 학습 효과를 얻을 수 있습니다.

▶ 조어(교과서 한자어)과정(E단계~G단계)에서는 총 90여권의 초등학교 교과서에 쓰인 모든 한자어를 사용 빈도와 한자 난이도에 따라 분석한 방대한 양의 데이터베이스를 갖추어 156자의 학습 한자와 530여 한자어를 선정하였습니다.

신출 한자와 이미 학습한 기출 한자를 조합하여 새로운 어휘를 만들어 내는 무궁무진한 조어(造語)의 원리를 아이가 스스로 깨달아 이해력과 어휘력이 높은 아이로 자라나게 해줍니다. 또 단편적인 한자 암기 학습에서 벗어나 국어, 수학, 사회, 과학 영역의 다양한 예문 학습과 창작 동화, 인물, 시, 신문, 고전이야기 등의 학습으로 학교 수업에 자신감을 길러 주고 나아가 어휘력, 사고력 향상으로 논술의 기초 능력까지 배양해 줍니다.

구성내용

A·B단계 교재별 구성내용은 이렇습니다

◆ 기탄한자 **A단계** 호별 학습 내용 및 부교재

집	호		학습 한자	학습 한자어	부교재
1집	1	1a ~ 12a	山, 川, 日	강산, 등산/ 하천, 산천/ 日기, 日월	한자 모형 놀이 한자 카드 한자어 카드
	2	13a ~ 24a	月, 火, 水	반月, 月급/ 火산, 火재/ 水영장, 水요일	
	3	25a ~ 36a	木, 金, 土	木수, 식木일/ 金구, 황金/ 국土, 土지	
	4	37a ~ 48a	복습+놀이 학습	복습	
2집	5	49a ~ 60a	一, 二, 三	一등, 통一/ 二층, 二학년/ 三각형, 三총사	한자 창열기 놀이 한자 카드 한자어 카드
	6	61a ~ 72a	四, 五, 六	四방, 四계절/ 五선지, 五월/ 六학년, 六반	
	7	73a ~ 84a	七, 八, 九	북두七성, 七면조/ 八도강산, 八방미인/ 九관조, 九구단	
	8	85a ~ 96a	복습+놀이 학습	복습	
3집	9	97a ~ 108a	十, 百, 千	十자가, 十월/ 百점, 百화점/ 千자문, 千리마	한자 파노라마 놀이 한자 카드 한자어 카드
	10	109a ~ 120a	耳, 目, 口	耳목, 耳비인후과/ 제目, 면目/ 식口, 출입口	
	11	121a ~ 132a	人, 手, 足	人간, 人형/ 手술, 선手/ 足구, 수足	
	12	133a ~ 144a	복습+놀이 학습	복습	
4집	13	145a ~ 156a	田, 石, 玉	유田, 대田/ 石공, 石굴암/ 백玉, 玉동자	한자 브로마이드 한자 카드
	14	157a ~ 168a	力, 大, 小	인力거, 풍力/ 大학생, 大가족/ 小아과, 小인국	
	15	169a ~ 180a	上, 中, 下	上의, 上행선/ 中국, 中심/ 下교, 下인	
	16	181a ~ 192a	복습+총괄 평가+놀이 학습	복습	

◆ 기탄한자 **B단계** 호별 학습 내용 및 부교재

집	호		학습 한자	학습 한자어	부교재
1집	1	1a ~ 12a	犬, 牛, 羊	충犬, 애犬/ 牛유, 牛마차/ 羊모, 백羊	한자 모형 놀이 한자 카드 한자어 카드
	2	13a ~ 24a	父, 母, 子	父모, 父자/ 母녀, 학부母/ 子녀, 여子	
	3	25a ~ 36a	生, 心, 身	生일, 선生/ 心신, 안心/ 身체, 身장	
	4	37a ~ 48a	복습+놀이 학습	복습	
2집	5	49a ~ 60a	車, 士, 己	車도, 자전車/ 군士, 박士/ 자己, 극己	한자 창열기 놀이 한자 카드 한자어 카드
	6	61a ~ 72a	自, 工, 門	自동차, 自연/ 목工, 工장/ 대門, 창門	
	7	73a ~ 84a	刀, 王, 白	단刀, 은장刀/ 王자, 국王/ 白지, 흑白	
	8	85a ~ 96a	복습+놀이 학습	복습	
3집	9	97a ~ 108a	魚, 貝, 鳥	인魚, 魚항/ 貝물, 貝총/ 백鳥, 길鳥	한자 파노라마 놀이 한자 카드 한자어 카드
	10	109a ~ 120a	主, 册, 雨	主인, 主객/ 册상, 공册/ 雨산, 雨의	
	11	121a ~ 132a	風, 里, 竹	風차, 강風/ 里장, 里정표/ 竹림, 竹도	
	12	133a ~ 144a	복습+놀이 학습	복습	
4집	13	145a ~ 156a	草, 花, 馬	약草, 草가/ 무궁花, 花원/ 경馬장, 馬부	한자 브로마이드 한자 카드
	14	157a ~ 168a	男, 女, 夕	男녀, 미男/ 소女, 선女/ 夕양, 추夕	
	15	169a ~ 180a	舌, 齒, 面	작舌차, 舌음/ 齒과, 충齒/ 가面, 수面	
	16	181a ~ 192a	복습+총괄 평가+놀이 학습	복습	

C·D단계 교재별 구성내용은 이렇습니다

◆ 기탄한자 **C단계** 호별 학습 내용 및 부교재

집	호		학습 한자	학습 한자어	부교재
1집	1	1a ~ 12a	文, 化, 言, 才	文人, 文臣/ 化石, 문화/ 言語/ 言論/ 多才, 天才	한자 맞추기 놀이 한자 카드 한자어 카드
	2	13a ~ 24a	兄, 弟, 交, 友	兄弟, 학부형/ 의형제, 弟子/ 交通, 외교/ 교友, 전友	
	3	25a ~ 36a	多, 少, 血, 肉	多情, 多少/ 少女, 노少/ 심血, 血肉/ 肉食, 肉身	
	4	37a ~ 48a	복습+놀이 학습	복습	
2집	5	49a ~ 60a	出, 入, 內, 外	出口, 出生/ 入口, 出入/ 국內, 차內/ 외國, 內外	한자 병풍 놀이 한자 카드 한자어 카드
	6	61a ~ 72a	去, 來, 立, 坐	去來, 과去/ 來日/ 미來/ 自立, 立동/ 정坐	
	7	73a ~ 84a	光, 明, 行, 步	光明, 풍光/ 문明, 明月/ 산行, 行進, 步兵, 步行	
	8	85a ~ 96a	복습+놀이 학습	복습	
3집	9	97a ~ 108a	天, 地, 江, 河	天使, 天國/ 천地, 地球/ 江山, 江村/ 河川, 은河水	한자 주사위 놀이 한자 카드 한자어 카드
	10	109a ~ 120a	毛, 皮, 角, 蟲	毛皮, 양毛/ 목皮, 皮革/ 녹角, 직角/ 초蟲, 해蟲	
	11	121a ~ 132a	古, 今, 衣, 食	古木, 古書/ 고今, 今日/ 우衣, 하衣/ 외食, 초食	
	12	133a ~ 144a	복습+놀이 학습	복습	
4집	13	145a ~ 156a	君, 臣, 兵, 卒	君主, 君臣/ 臣下, 충臣/ 兵士, 兵力, 卒兵, 卒業	한자 브로마이드 한자 카드
	14	157a ~ 168a	方, 向, 左, 右	지方, 方向/ 풍向, 남向/ 左右, 左向左/ 右회전, 좌右명	
	15	169a ~ 180a	本, 末, 分, 合	근本, 本人/ 末日, 本末/ 分교, 分수/ 合창, 合심	
	16	181a ~ 192a	복습+총괄 평가+놀이 학습	복습	

◆ 기탄한자 **D단계** 호별 학습 내용 및 부교재

집	호		학습 한자	학습 한자어	부교재
1집	1	1a ~ 12a	靑, 赤, 音, 色	靑山, 靑年/ 赤色, 赤십자/ 音樂, 音色/ 백色, 色지	한자 맞추기 놀이 한자 카드 한자어 카드
	2	13a ~ 24a	住, 所, 姓, 名	의식住, 住宅/ 所感/ 장所/ 姓名, 백姓/ 名작, 지名	
	3	25a ~ 36a	利, 用, 有, 無	利用, 예利/ 公用, 식用/ 有名, 소有/ 無인도, 無례	
	4	37a ~ 48a	복습+놀이 학습	복습	
2집	5	49a ~ 60a	公, 平, 意, 思	公共, 公務員/ 平和, 平야/ 意見, 동意/ 思考, 思想	한자 병풍 놀이 한자 카드 한자어 카드
	6	61a ~ 72a	老, 弱, 貧, 富	老人, 원老/ 弱세, 노弱/ 貧약, 貧血/ 富귀, 富자	
	7	73a ~ 84a	正, 直, 忠, 孝	正直, 正답/ 直선, 直각/ 忠성, 忠언/ 孝도, 孝녀	
	8	85a ~ 96a	복습+놀이 학습	복습	
3집	9	97a ~ 108a	前, 後, 走, 止	역前, 오前/ 오後, 식後/ 활走로, 경走/ 止혈, 금止	한자 주사위 놀이 한자 카드 한자어 카드
	10	109a ~ 120a	法, 道, 完, 全	法律, 法院/ 道路, 道덕/ 完승, 完성/ 全국, 안全	
	11	121a ~ 132a	善, 惡, 長, 短	善惡, 善행/ 惡마, 惡몽/ 長검, 사長/ 장短, 短명	
	12	133a ~ 144a	복습+놀이 학습	복습	
4집	13	145a ~ 156a	世, 界, 國, 家	世界, 출世/ 외界, 정界/ 國王, 國어/ 家족, 작家	한자 브로마이드 한자 카드
	14	157a ~ 168a	東, 西, 見, 聞	東서남북, 東海/ 西구, 西부/ 발見, 見학/ 신聞, 풍聞	
	15	169a ~ 180a	南, 北, 兒, 童	南극, 南대문/ 北극, 北상/ 유兒, 兒동/ 목童, 童화	
	16	181a ~ 192a	복습+총괄 평가+놀이 학습	복습	

구성내용

E단계 교재별 구성내용은 이렇습니다

◆ 기탄교과서한자 **E단계** 호별 학습 내용 및 부교재

집	호		학습 한자	학습 한자어		심화 영역		부교재
1집	1	1a~16a	寸京品市	寸 : 四寸, 外三寸, 四寸間 品 : 食品, 用品, 作品	京 : 上京, 京畿道, 京仁線 市 : 市內, 市場, 市立	창작동화 고사성어 시	소중한 지폐 한 장 1 水魚之交 사랑스런 추억 - 윤동주	한자 카드 쓰기보따리 형성평가
	2	17a~32a	巨具各曲	巨 : 巨人, 巨大, 巨木 各 : 各各, 各自, 各國	具 : 家具, 道具, 用具 曲 : 作曲, 曲線, 行進曲	창작동화 고사성어 시	소중한 지폐 한 장 2 他山之石 봄 - 빅토르 위고	
	3	33a~48a	可由原因	可 : 可能, 可決, 不可能 原 : 原子力, 原因, 草原	由 : 自由, 由來, 理由 因 : 原因, 因果, 要因	창작동화 고사성어 시	슬기로운 재판 1 見物生心 절정 - 이육사	
	4	49a~64a	복습	복습		창작동화 고사성어 시	슬기로운 재판 2 漁夫之利 동방의 등불 - 타고르	
2집	5	65a~80a	同求失反	同 : 同生, 同行, 合同 失 : 失手, 失明, 失言	求 : 求心力, 要求, 求人 反 : 反面, 反省, 反共	창작동화 고사성어 시	닭이 사람과 함께 살게 된 이유 1 五十步百步 접동새 - 김소월	한자 카드 쓰기보따리 형성평가
	6	81a~96a	告共首民	告 : 忠告, 原告, 告白 首 : 自首, 首弟子, 首相	共 : 共同, 公共, 共生 民 : 市民, 國民, 民心	창작동화 고사성어 시	닭이 사람과 함께 살게 된 이유 2 登龍門 눈 내린 아침 - 이인로	
	7	97a~112a	元先年回	元 : 元日, 元金, 元來 年 : 少年, 靑年, 一年	先 : 先生, 先山, 先王 回 : 一回用品, 河回, 回轉	창작동화 고사성어 시	쇠를 먹는 쥐 1 馬耳東風 눈 오는 저녁 - 김소월	
	8	113a~128a	복습	복습		창작동화 고사성어 시	쇠를 먹는 쥐 2 白眉 만돌이 - 윤동주	
3집	9	129a~144a	不非未必	不 : 不足, 不公平, 不平 未 : 未安, 未來, 未完成	非 : 非行, 是非, 非常口 必 : 必要, 生必品, 不必要	창작동화 고사성어 시	세 친구 1 多多益善 삶이 그대를 속일지라도 - 푸슈킨	한자 카드 쓰기보따리 형성평가
	10	145a~160a	知加字幸	知 : 知人, 知己, 告知 字 : 文字, 數字, 十字	加 : 加入, 加味, 加工 幸 : 多幸, 不幸, 幸福	창작동화 고사성어 시	세 친구 2 聞一知十 집 - 김영랑	
	11	161a~176a	表形味香	表 : 表面, 表情, 表明 味 : 意味, 風味, 口味	形 : 人形, 三角形, 地形 香 : 香水, 香氣, 香	창작동화 고사성어 시	꿀강아지 1 知音 올벼 고개 숙이고 - 이현보	
	12	177a~192a	복습	복습		창작동화 고사성어 시	꿀강아지 2 竹馬故友 행복 - 한용운	
4집	13	193a~208a	星軍相和	星 : 行星, 天王星, 北斗七星 相 : 首相, 人相, 色相	軍 : 軍人, 國軍, 軍士 和 : 平和, 和音, 共和國	창작동화 고사성어 시	흰 코끼리의 전설 千里眼 나그네의 밤 노래 - 괴테	한자 카드 쓰기보따리 형성평가
	14	209a~224a	單別命祖	單 : 單元, 名單, 食單 命 : 生命, 人命, 命令	別 : 別名, 別世, 分別 祖 : 先祖, 祖上, 祖父母	창작동화 고사성어 시	뱀이 기어 다니게 된 이유 1 朝三暮四 말 없는 청산이오 - 성혼	
	15	225a~240a	居章異再	居 : 住居, 居室, 同居 異 : 異常, 異意, 大同小異	章 : 文章, 圖章, 樂章 再 : 再生, 再活用, 再三	창작동화 고사성어 시	뱀이 기어 다니게 된 이유 2 一擧兩得 〈사랑〉을 사랑하여요 - 한용운	
	16	241a~256a	복습	복습		창작동화 고사성어 시	뱀이 기어 다니게 된 이유 3 溫故知新 삶의 아침인사 - 애너 리티셔 바볼드	

F단계 교재별 구성내용은 이렇습니다

◆ 기탄교과서한자 F단계 호별 학습 내용 및 부교재

집	호		학습 한자	학습 한자어		심화 영역		부교재
1집	1	1a~16a	仁 仙 信 休	仁 : 仁川, 仁祖, 仁君 信 : 信用, 自信, 信念	仙 : 仙女, 水仙花, 仙人 休 : 公休日, 休火山, 休息	창작동화 고사성어 전래동화	달밤에 얻은 행운 1 天高馬肥 빨간부채 파란부채	한자 카드 쓰기보따리 형성평가
	2	17a~32a	安 宅 官 容	安 : 未安, 安心, 安全 官 : 法官, 官家, 外交官	宅 : 住宅, 自宅, 宅地 容 : 容恕, 内容, 美容	창작동화 고사성어 전래동화	달밤에 얻은 행운 2 大器晚成 사만년을 산 사람	
	3	33a~48a	海 洋 漁 洗	海 : 地中海, 東海, 海外 漁 : 漁夫, 漁村, 出漁	洋 : 東洋, 西洋, 海洋 洗 : 洗手, 洗車, 洗面	창작동화 고사성어 전래동화	백일홍이야기 1 孟母三遷 소금을 만드는 맷돌	
	4	49a~64a	복습	복습		창작동화 고사성어 전래동화	백일홍이야기 2 蛇足 우렁각시	
2집	5	65a~80a	他 位 俗 保	他 : 他人, 他地, 自他 俗 : 民俗, 風俗, 世俗	位 : 方位, 品位, 單位 保 : 保全, 安保, 保有	창작동화 고사성어 전래동화	꾀 많은 장님 1 梁上君子 꼭두각시와 목도령	한자 카드 쓰기보따리 형성평가
	6	81a~96a	守 室 客 定	守 : 守則, 保守, 守兵 客 : 主客, 客室, 客地	室 : 室内, 居室, 王室 定 : 一定, 決定, 安定	창작동화 고사성어 전래동화	꾀 많은 장님 2 良藥苦於口 잊으라 한 건 안 잊고	
	7	97a~112a	林 村 材 校	林 : 山林, 國有林, 竹林 材 : 木材, 石材, 人材	村 : 山村, 漁村, 民俗村 校 : 下校, 校長, 校門	창작동화 고사성어 전래동화	바보 영웅 이야기 1 座右銘 반쪽이	
	8	113a~128a	복습	복습		창작동화 고사성어 전래동화	바보 영웅 이야기 2 矛盾 고양이와 푸른 구슬	
3집	9	129a~144a	決 洞 注 流	決 : 決定, 決心, 可決 注 : 注文, 注意, 注目	洞 : 洞口, 洞長, 仁寺洞 流 : 上流, 交流, 流行	창작동화 고사성어 전래동화	괴물 잡은 이발사 同床異夢 임자가 따로 있는 요술 궤짝	한자 카드 쓰기보따리 형성평가
	10	145a~160a	便 作 使 代	便 : 便利, 便安, 大便 使 : 使用, 天使, 使臣	作 : 作心三日, 作用, 作品 代 : 古代, 代表, 代身	창작동화 고사성어 전래동화	수수께끼 하나 結草報恩 배나무골 이도령	
	11	161a~176a	念 志 感 想	念 : 信念, 記念, 一念 感 : 共感, 自信感, 所感	志 : 意志, 同志, 志士 想 : 回想, 思想, 感想	창작동화 고사성어 전래동화	행운을 찾아다니는 사나이 1 井中之蛙 하늘 나라 밭 구경	
	12	177a~192a	복습	복습		창작동화 고사성어 전래동화	행운을 찾아다니는 사나이 2 近墨者黑 솜뭉치 꼬리가 된 토끼	
4집	13	193a~208a	計 記 語 詩	計 : 時計, 合計, 生計 語 : 用語, 國語, 言語	記 : 日記, 記入, 記念 詩 : 童詩, 詩人, 三行詩	창작동화 고사성어 전래동화	그림자 없는 탑 1 有備無患 은혜 갚은 까치	한자 카드 쓰기보따리 형성평가
	14	209a~224a	情 性 進 造	情 : 人情, 友情, 心情 進 : 行進, 進出, 先進國	性 : 性品, 性情, 女性 造 : 造成, 造形, 人造	창작동화 고사성어 전래동화	그림자 없는 탑 2 走馬看山 두 개가 된 금덩이	
	15	225a~240a	始 好 雲 雪	始 : 始作, 元始, 始祖 雲 : 星雲, 白雲, 靑雲	好 : 同好人, 好意, 好感 雪 : 白雪, 雪景, 雪山	창작동화 고사성어 전래동화	그림자 없는 탑 3 螢雪之功 구렁이 신랑	
	16	241a~256a	복습	복습		창작동화 고사성어 전래동화	그림자 없는 탑 4 苦盡甘來 바리공주	

구성내용

G단계 교재별 구성내용은 이렇습니다

◆ 기탄교과서한자 G단계 호별 학습 내용 및 부교재

집	호	학습 한자	학습 한자어	심화 영역		부교재
1집	1	1a~16a	果實夫婦美	果: 成果, 果實, 靑果, 無花果　實: 行實, 實力, 實生活, 口實　夫: 工夫, 夫子, 夫人, 漁夫　婦: 主婦, 夫婦, 婦人, 婦女子　美: 美化員, 美國人, 美人, 美化	인물	마크 트웨인	한자 카드 쓰기보따리 형성평가
					창작동화	소가 골라준 새 신랑 1	
					고사성어	改過遷善	
					기사문	돈 더 버는 아내 집안일 더 한다	
	2	17a~32a	重要活動得	重: 重要, 所重, 貴重, 重大　要: 必要, 主要, 要求, 要所　活: 活用, 生活, 活字, 活力　動: 活動, 行動, 動力, 動作　得: 所得, 利得, 得失	인물	어네스트 톰슨 시튼	
					창작동화	소가 골라준 새 신랑 2	
					고사성어	錦衣還鄕	
					기사문	컬러식품 좋아좋아	
	3	33a~48a	夜景成功者	夜: 夜食, 白夜, 夜光, 夜行　景: 風景, 光景, 山景, 雪景　成: 成長, 作成, 合成, 完成　功: 成功, 功臣, 年功, 功力　者: 記者, 富者, 步行者, 老弱者	인물	에디슨	
					창작동화	소가 골라준 새 신랑 3	
					고사성어	管鮑之交	
					기사문	日 간사이 5색 체험관광	
	4	49a~64a	복습	복습	인물	퀴리부인	
					창작동화	소가 골라준 새 신랑 4	
					고사성어	刻舟求劍	
					기사문	재교육기관 노크 해보자	
2집	5	65a~80a	時間空氣集	時: 日時, 時代, 同時, 時計　間: 人間, 山間, 時間, 中間　空: 空中, 空間, 空冊, 空想　氣: 空氣, 香氣, 日氣, 大氣　集: 文集, 集中, 詩集, 集合	인물	장영실	한자 카드 쓰기보따리 형성평가
					창작동화	거짓말 시합 1	
					고사성어	刮目相對	
					기사문	귀성길 차 안에서 게임 한판	
	6	81a~96a	現在協商事	現: 表現, 現金, 現地, 出現　在: 現在, 所在, 在京, 在來　協: 協同, 協力, 協心, 協定　商: 商人, 商品, 商去來, 協商　事: 人事, 行事, 工事, 記事	인물	록펠러	
					창작동화	거짓말 시합 2	
					고사성어	吳越同舟	
					기사문	폴크스바겐 노·사 대협상	
	7	97a~112a	社會技能部	社: 社長, 會社, 社交, 入社　會: 大會, 社會, 面會, 立會　技: 長技, 技法, 技術, 技能　能: 技能, 能力, 可能, 才能　部: 部分, 一部分, 外部, 一部	인물	콜럼버스	
					창작동화	말 잘 듣는 효자 1	
					고사성어	羊頭狗肉	
					기사문	국가중대사 국민합의가 필요	
	8	113a~128a	복습	복습	인물	앙리 뒤낭	
					창작동화	말 잘 듣는 효자 2	
					고사성어	完璧	
					기사문	시동 걸면 주행정보 쫙~	
3집	9	129a~144a	問答登場省	問: 問安, 問題, 反問　答: 問答, 答信, 正答, 回答　登: 登山, 登校, 登用　場: 市場, 工場, 入場, 場面　省: 反省, 自省, 省墓	인물	리스트	한자 카드 쓰기보따리 형성평가
					창작동화	냄새 맡은 값 1	
					고사성어	指鹿爲馬	
					기사문	침체의 잠에 취한 라인강의 기적	
	10	145a~160a	春夏秋冬溫	春: 春川, 春香, 立春, 靑春　夏: 立夏, 春夏, 夏至　秋: 秋夕, 秋風, 春秋　冬: 冬至, 立冬, 春夏秋冬　溫: 氣溫, 溫室, 溫水	인물	김홍도	
					창작동화	냄새 맡은 값 2	
					고사성어	塞翁之馬	
					기사문	스키장 잘 넘어져야 안 다친다	
	11	161a~176a	貴愛病死敬	貴: 貴重, 高貴, 富貴, 貴人　愛: 友愛, 愛國, 愛人, 愛犬　病: 問病, 白血病, 病室, 病名　死: 生死, 死亡者, 不死身, 病死　敬: 恭敬, 敬老, 敬老席, 敬語	인물	안중근	
					창작동화	아버지의 유서 1	
					고사성어	難兄難弟	
					기사문	은행나무 천국 부석사 가는길	
	12	177a~192a	복습	복습	인물	황희	
					창작동화	아버지의 유서 2	
					고사성어	四面楚歌	
					기사문	서울과 워싱턴 마음을 열 때다	
4집	13	193a~208a	物件發電書	物: 古物, 文物, 人物　件: 物件, 事件, 用件　發: 發生, 出發, 發明, 發見　電: 電力, 電子, 電車, 電氣　書: 文書, 古書, 書名	인물	벤자민 프랭클린	한자 카드 쓰기보따리 형성평가
					창작동화	선행과 쾌락 1	
					고사성어	三顧草廬	
					기사문	대한민국은 배달천국	
	14	209a~224a	高低苦樂朝	高: 高音, 高溫, 高貴, 高見　低: 低溫, 低下, 低利, 低學年　苦: 苦生, 苦心, 苦行　樂: 音樂, 安樂, 樂山　朝: 王朝, 朝夕, 朝會	인물	루소	
					창작동화	선행과 쾌락 2	
					고사성어	脣亡齒寒	
					기사문	중소기업 그곳에도 길이 있다	
	15	225a~240a	眞理學習賞	眞: 眞情, 眞空, 眞心　理: 心理, 原理, 眞理, 一理　學: 學年, 學生, 入學, 見學　習: 學習, 風習, 自習　賞: 賞品, 孝行賞, 大賞, 賞金	인물	전봉준	
					창작동화	아가씨와 우유 1	
					고사성어	守株待兎	
					기사문	들리지! 눈 쌓은 숲 생명의 소리	
	16	241a~256a	복습	복습	인물	뢴트겐	
					창작동화	아가씨와 우유 2	
					고사성어	臥薪嘗膽	
					기사문	물건값 계산 … 암도 그리기 …	

학부모 여러분, <기탄한자>는 이렇게 지도해 주세요

1. 학습자의 능력보다 낮은 단계에서 시작하세요.

기탄한자 A~G단계는 기초 한자부터 초등학교 교과서에 쓰인 한자어를 학습하는 프로그램입니다. 한글을 아는 유아에서부터 한자 학습의 경험이 있는 초등학교 6학년 학생을 대상으로 개발되었습니다. 그러나 한자 학습의 경험이 있는 아이라도, 학습자의 경험이나 능력보다 낮은 단계에서 시작하는 것이 바람직합니다. 특히 각 단계의 1집부터 순차적으로 학습해 나가는 것은 매우 중요합니다. 간혹 학부모님의 판단에 따라 단계의 생략은 가능하지만 2, 3집부터 시작하는 것은 옳지 않은 진도 진행입니다. 아이가 학습에 부담을 느끼지 않고 한자 공부는 쉽고 재미있다는 느낌을 가질 수 있도록 A단계 1집에서부터 시작하는 것이 가장 이상적인 출발점입니다.

2. 복습호는 반드시 부모님이 함께 해 주세요.

각 집(권)마다 앞서 배운 한자의 복습호가 구성되어 있습니다. 복습호에서는 항상 형성평가를 실시하여 학습 수용도를 점검합니다. 이 때 부모님이 반드시 채점을 해 주시고, 결과에 따라 적절한 칭찬과 동기유발이 필요합니다. 또 복습주마다 구성된 놀잇감(A~D단계)으로 아이와 함께 놀아 주세요.

3. 교재 구입 즉시 분책하여 사용하세요.

<기탄한자>는 구입 즉시 분책하여 사용할 수 있도록 매주 학습할 분량이 별도의 책으로 특수제본(4in1시스템)되어 있습니다. 보통 책은 1번 제본하는 것으로 끝나지만 <기탄한자>는 무려 5번의 제본 과정을 거쳐 제작되었습니다. 각 호가 끝날 때마다 새 책으로 공부하게 되므로 아이에게 성취감과 기대감을 갖게 하고 학습 효과도 극대화시켜 줍니다.

4. 매일 일정한 시간에 규칙적으로 학습하게 하세요.

하루 5~10분을 학습하더라도 규칙적으로 학습하는 것이 중요합니다. 1호 분량이 1주일(5일) 학습 분량이므로 한 번에 억지로 하지 않게 하고, 반대로 너무 많은 양을 한꺼번에 하는 것도 좋지 않습니다. 어렸을 때부터 조금씩 매일 매일 공부하는 습관을 길러 주도록 합니다.

5. 부모님이 직접 지도해 주세요.

<기탄한자>는 교사 방문 학습지와는 달리 아이 스스로 공부하고 부모님이 체크하는 자율적인 학습 모델을 채택하고 있습니다. 따라서 타 학습지 회사에서는 지도교사에게만 제공하는 지도 지침을 해당 호에 상세히 실었습니다. 각 호의 첫 장에 실린 '이렇게 도와주세요', '이번 주 학습포인트'에서는 한 주 동안의 지도 요점이 기재되어 있고, 각 페이지의 하단에도 지도 요점, 주의 사항 등을 기재하였습니다. 학부모님들이 <기탄한자>의 기획의도, 학습목표, 지도방법 등을 쉽게 이해하고 아이들에게 가르치기 편하도록 최대한 배려하였습니다.

6. 이미 익힌 한자는 아이가 실생활 속에서 활용하게 하세요.

아이가 이미 익힌 한자는 실생활 속에서 최대한 많은 사용 기회를 갖게 해 줍니다. 알았던 한자도 오랫동안 사용하지 않으면 잊혀지게 됩니다. 학습된 한자를 신문, 책, 대중매체, 인쇄물 등을 활용하여 확인하게 하고 글을 쓸 때 알고 있는 한자로 표현해 볼 기회를 자주 갖도록 합니다.

단계별 학습 한자와 한자능력검정시험 급수 배정 안내

단계	학습 한자	급수 응시 가이드
A단계	• 8급 : 山, 日, 月, 火, 水, 木, 金, 土, 一, 二, 三, 四, 五, 六, 七, 八, 九, 十, 人, 大, 小, 中 • 7급 : 川, 百, 千, 口, 手, 足, 力, 上, 下 • 6급 · 6급II : 目, 石 • 5급 : 耳 • 4급II : 田, 玉	A단계에서는 상형자, 지사자 중심의 기초한자 36자를 익혔습니다. 이는 한자능력검정시험 배정한자 중 **8급, 7급 배정한자 31자**와 **상위급수 한자 5자**가 포함됩니다. 학습자의 학년, 나이, 학습수용도에 따라 **8급, 7급** 이내에서 응시용 수험서(기탄급수한자 빨리따기)로 준비한 후 자격증 취득에 도전해 보세요.
B단계	• 8급 : 父, 母, 生, 門, 王, 白, 女 • 7급 : 子, 心, 車, 自, 工, 主, 里, 草, 花, 男, 夕, 面 • 6급 · 6급II : 身, 風 • 5급 : 牛, 士, 己, 魚, 雨, 馬 • 4급II : 羊, 鳥, 竹, 齒 • 4급 : 犬, 册, 舌 • 3급II : 刀 • 3급 : 貝	B단계에서는 상형자, 지사자 중심의 기초한자 36자를 익혔습니다. 이는 A단계 학습 한자부터 누적하면 한자능력검정시험 배정한자 중 **8급, 7급 배정한자 50자**와 **상위급수 한자 22자**가 포함됩니다. 학습자의 학년, 나이, 학습수용도에 따라 **8급, 7급** 이내에서 응시용 수험서(기탄급수한자 빨리따기)로 준비한 후 자격증 취득에 도전해 보세요.
C단계	• 8급 : 兄, 弟, 外 • 7급 : 文, 少, 出, 入, 內, 來, 立, 天, 地, 江, 食, 方, 左, 右 • 6급 · 6급II : 言, 才, 交, 多, 光, 明, 行, 角, 古, 今, 衣, 向, 本, 分, 合 • 5급 : 化, 友, 去, 河, 臣, 兵, 卒, 末 • 4급II : 血, 肉, 步, 毛, 蟲 • 4급 : 君 • 3급II : 坐, 皮	C단계에서는 형성자, 회의자를 중심으로 48자의 기초한자를 익혔습니다. 이는 A단계 학습 한자부터 누적하면 한자능력검정시험 배정한자 중 **7급 배정한자 67자, 6급 · 6급II 배정한자 86자**와 **상위급수 한자 34자**를 익혔습니다. 학습자의 학년, 나이, 학습수용도에 따라 **7급, 6급 · 6급II** 이내에서 응시용 수험서(기탄급수한자 빨리따기)로 준비한 후 자격증 취득에 도전해 보세요.
D단계	• 8급 : 靑, 長, 國, 東, 西, 南, 北 • 7급 : 色, 住, 所, 姓, 名, 有, 平, 老, 正, 直, 孝, 前, 後, 道, 全, 世, 家 • 6급 · 6급II : 音, 利, 用, 公, 意, 弱, 短, 界, 聞, 童 • 5급 : 赤, 無, 思, 止, 法, 完, 善, 惡, 見, 兒 • 4급II : 貧, 富, 忠, 走	D단계에서는 형성자, 회의자를 중심으로 48자의 기초한자를 익혔습니다. 이는 A단계 학습 한자부터 누적하면 한자능력검정시험 배정한자 중 **7급 배정한자 91자, 6급 · 6급II 배정한자 120자**와 **상위급수 한자 48자**를 익혔습니다. 학습자의 학년, 나이, 학습수용도에 따라 **7급, 6급 · 6급II** 이내에서 응시용 수험서(기탄급수한자 빨리따기)로 준비한 후 자격증 취득에 도전해 보세요.
E단계	• 8급 : 寸, 民, 先, 年, 軍 • 7급 : 市, 同, 不, 字, 命, 祖 • 6급 · 6급II : 京, 各, 由, 失, 反, 共, 幸, 表, 形, 和, 別, 章 • 5급 : 品, 具, 曲, 可, 原, 因, 告, 首, 元, 必, 知, 加, 相, 再 • 4급II : 求, 回, 非, 未, 味, 香, 星, 單 • 4급 : 巨, 居, 異	E단계에서는 형성자, 회의자를 중심으로 48자의 필수한자를 익혔습니다. 이는 A단계 학습 한자부터 누적하면 한자능력검정시험 배정한자 중 **7급 배정한자 102자, 6급 · 6급II 배정한자 143자**와 **상위급수 한자 73자**를 익혔습니다. 학습자의 학년, 나이, 학습수용도에 따라 **6급 · 6급II, 5급** 이내에서 응시용 수험서(기탄급수한자 빨리따기)로 준비한 후 자격증 취득에 도전해 보세요.
F단계	• 8급 : 室, 校 • 7급 : 休, 安, 海, 林, 村, 洞, 便, 記, 語 • 6급 · 6급II : 信, 洋, 定, 注, 作, 使, 代, 感, 計, 始, 雪 • 5급 : 仙, 宅, 漁, 洗, 他, 位, 客, 材, 決, 流, 念, 情, 性, 雲 • 4급II : 官, 容, 俗, 保, 守, 志, 想, 詩, 進, 造, 好 • 4급 : 仁	F단계에서는 형성자, 회의자를 중심으로 48자의 필수한자를 익혔습니다. 이는 A단계 학습 한자부터 누적하면 한자능력검정시험 배정한자 중 **7급 배정한자 113자, 6급 · 6급II 배정한자 165자**와 **상위급수 한자 99자**를 익혔습니다. 학습자의 학년, 나이, 학습수용도에 따라 **6급 · 6급II, 5급** 이내에서 응시용 수험서(기탄급수한자 빨리따기)로 준비한 후 자격증 취득에 도전해 보세요.
G단계	• 8급 : 學 • 7급 : 夫, 重, 活, 動, 時, 間, 空, 氣, 事, 問, 答, 登, 場, 春, 夏, 秋, 冬, 物, 電 • 6급 · 6급II : 果, 美, 夜, 成, 功, 者, 集, 現, 在, 社, 會, 部, 省, 溫, 愛, 病, 死, 發, 書, 高, 苦, 樂, 朝, 理, 習 • 5급 : 實, 要, 景, 商, 技, 能, 貴, 敬, 件, 賞 • 4급II : 婦, 得, 協, 低, 眞	G단계에서는 형성자, 회의자를 중심으로 60자의 필수한자를 익혔습니다. 이는 A단계 학습 한자부터 누적하면 한자능력검정시험 배정한자 중 **7급 배정한자 133자, 6급 · 6급II 배정한자 210자**와 **상위급수 한자 114자**를 익혔습니다. 학습자의 학년, 나이, 학습수용도에 따라 **6급 · 6급II, 5급** 이내에서 응시용 수험서(기탄급수한자 빨리따기)로 준비한 후 자격증 취득에 도전해 보세요.

※ 이 표는 기탄한자 학습 후 한자능력검정시험 자격증 취득의 연계를 위한 지침입니다. 학습자의 학습경험이나 상태에 따라 개별적인 지침이 달라질 수 있습니다.

13호

기탄교과서한자 G단계 4집 193a~208a

G4집
193a-256a

4 in 1 시스템

기탄교과서한자는 학습효과를 극대화하기 위해 매주 학습할 분량이 별도의 책으로 특수제본되어 있습니다.

본 교재는 1권의 책 속에 1주일 학습할 분량의 교재 4권이 들어 있는 4 in 1 시스템으로 제본되어 있습니다. 따라서 4권의 책으로 분리되는 것이 정상적인 제본이며, 호별로 빼내어 학습하시면 아주 효과적입니다.

G4집
13호
193a-208a

초등 교과서 한자어를 총체 분석한 어휘력 향상 한자 학습 프로그램

기탄 교과서 한자

공부한 날	월 일 ~ 월 일
	교 반
이름	전화

www.gitan.co.kr

G단계 학습 한자 일람

	G단계						
1집	果, 實, 夫, 婦, 美	2집	時, 間, 空, 氣, 集	3집	問, 答, 登, 場, 省	4집	物, 件, 發, 電, 書
	重, 要, 活, 動, 得		現, 在, 協, 商, 事		春, 夏, 秋, 冬, 溫		高, 低, 苦, 樂, 朝
	夜, 景, 成, 功, 者		社, 會, 技, 能, 部		貴, 愛, 病, 死, 敬		眞, 理, 學, 習, 賞
	복습		복습		복습		복습

학습 진단 관리표

	한자		한자어		이번 주는
	읽기	쓰기	읽기	쓰기	
금주평가	Ⓐ아주 잘함	Ⓐ아주 잘함	Ⓐ아주 잘함	Ⓐ아주 잘함	● 학습방법 ❶ 매일매일 ❷ 가끔 ❸ 한꺼번에 하였습니다.
	Ⓑ잘함	Ⓑ잘함	Ⓑ잘함	Ⓑ잘함	● 학습태도 ❶ 스스로 잘 ❷ 시켜서 억지로 하였습니다.
	Ⓒ보통	Ⓒ보통	Ⓒ보통	Ⓒ보통	● 학습흥미 ❶ 재미있게 ❷ 싫증내며 하였습니다.
	Ⓓ노력해야 함	Ⓓ노력해야 함	Ⓓ노력해야 함	Ⓓ노력해야 함	● 교재내용 ❶ 적합하다고 ❷ 어렵다고 ❸ 쉽다고 하였습니다.

지도 교사가 부모님께   부모님이 지도 교사께

종합평가   Ⓐ아주 잘함   Ⓑ잘함   Ⓒ보통   Ⓓ노력해야 함

193a-208a

이번 주 학습 포인트

1 일차
193a~195b
- 다시보기를 통하여 貴, 愛, 病, 死, 敬의 훈, 음, 형, 한자어를 복습합니다.
- 이번 주 학습 한자인 物, 件, 發, 電, 書의 용례를 문장 속에서 찾아봅니다.
- 인물 이야기 '피뢰침을 발명한 벤자민 프랭클린'을 읽고 학습 한자를 읽어 봅니다.

2 일차
196a~198b
- 알아보기를 통하여 物, 件의 3요소와 필순, 부수를 학습합니다.
- 物, 件의 자원을 이해하고 음부분과 뜻부분을 나누어 이해하도록 합니다.
- 만화로 고사성어 三顧草廬의 뜻과 쓰임을 알아보고 적절한 때 사용할 수 있습니다.

3 일차
199a~202b
- 알아보기를 통하여 發, 電, 書의 3요소와 필순, 부수를 학습합니다.
- 發, 電, 書의 자원을 이해하고 간체자를 익혀 봅니다.
- 동화 '선행과 쾌락'을 읽고 학습한 한자를 동화 속에서 활용해 학습합니다.

4 일차
203a~205b
- 物, 件, 發, 電, 書를 다른 한자와 결합하여 한자어를 익힙니다.
- 알고 있는 한자와 결합하여 스스로 造語(조어) 원리를 깨달을 수 있습니다.
- 신문 기사를 읽고 기사문 속에 한자의 3요소를 적용하여 학습합니다.

5 일차
206a~208a
- 이번 주에 학습한 한자, 한자어 학습을 마무리합니다.
- 풀어보기를 통해 학습 한자를 정리하고 읽을거리 '공작 깃털의 눈 무늬'를 읽어 봅니다.
- 형성평가를 풀이하여 한 주 학습의 성취도를 스스로 진단해 봅니다.

貴 愛 病 死 敬

1. 다음 빈 칸에 알맞은 훈음을 쓰세요.

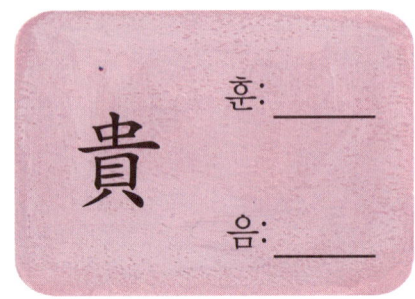
貴 훈: ___ 음: ___

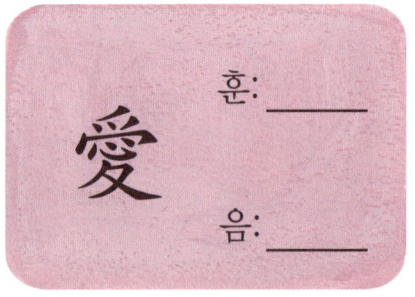
愛 훈: ___ 음: ___

病 훈: ___ 음: ___

死 훈: ___ 음: ___

2. 서로 관련 있는 것끼리 선으로 이으세요.

 敬

 愛

 死

 貴

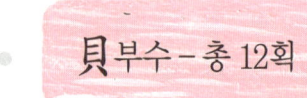 貝 부수 – 총 12획

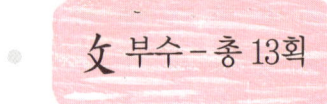 攵 부수 – 총 13획

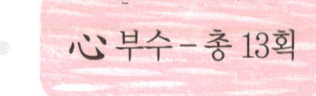 心 부수 – 총 13획

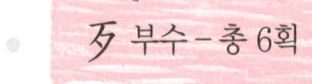 歹 부수 – 총 6획

3. 다음 보기 에서 알맞은 한자어를 찾아 쓰세요.

| 보기 | 富貴 | 友愛 | 問病 | 敬老 |

- 앓는 사람을 찾아보고 위로함 …… ☐☐
- 노인을 공경함 …… ☐☐
- 재산이 많고 사회적 지위가 높음 …… ☐☐
- 형제 간이나 친구 사이의 도타운 정과 사랑 …… ☐☐

4. 다음 보기 에서 알맞은 음을 찾아 쓰세요.

| 보기 | 기사 | 백성 | 애국 |

일본의 침략으로 울분에 차 있던 百姓 ☐☐ 들은 황성신문의 愛國 ☐☐ 적인 記事 ☐☐ 를 칭찬하면서, 그 곳에서 일하는 사람들을 애국자로 존경했습니다.

物件 찾아보기

物, 件이 쓰인 문장을 읽고 빈 칸에 한자어의 음을 쓰세요.

나는 자라서 어떤 **人物(인물)**이 될까? 민지는 간호사가 되고 싶다고 했고, 나는 야구 선수도, 선생님도 되고 싶다.

우리 엄마의 살림 솜씨는 소문이 자자하다. **物件(물건)**을 깔끔하고 효율적으로 분류하여 정리 정돈을 잘 하시기 때문이다.

확인하기 人 : 사람 인(A3-11)

發, 電이 쓰인 문장을 읽고 빈 칸에 한자어의 음을 쓰세요.

아침 일찍 아버지와 아침 운동을 하기 위해 새벽녘에 **出發(출발)**하였습니다.

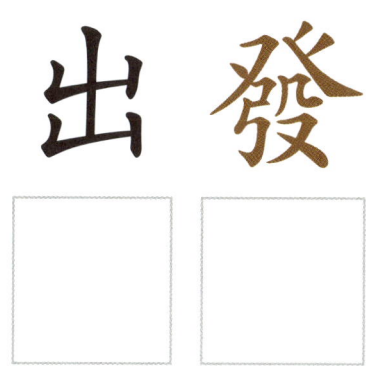

미래의 인쇄 문화는 새로운 인쇄 기술의 도입으로 **電子(전자)**책의 출판이 일반화될 전망이다.

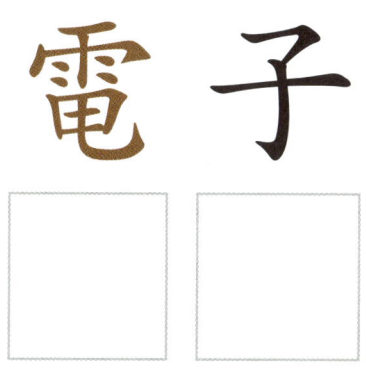

 出 : 날 출(C2-5)    子 : 아들 자(B1-2)

書가 쓰인 문장을 읽고 빈 칸에 한자어의 음을 쓰세요.

컴퓨터를 이용하여 **文書**(문서)를 작성하면 여러 가지 편리한 점이 많고, **文書**를 다양하게 꾸밀 수 있습니다.

物, 件, 發, 電, 書가 쓰인 한자어의 음을 읽어 보세요.

확인하기 　文 : 글월 문(C1-1)　　人 : 사람 인(A3-11)　　出 : 날 출(C2-5)　　子 : 아들 자(B1-2)

인물 이야기를 통해 物, 件, 發, 電, 書의 훈음을 알아보세요.

피뢰침을 발명한 벤자민 프랭클린

벤자민 프랭클린은 어린 시절 가난한 가정형편 때문에 일찍 학교를 그만두고 인쇄술을 배웠습니다. 당시는 전(電)기에 대한 관심이 사회적으로 높을 때였는데 프랭클린 역시 전기에 관한 연구를 하였습니다. 어느 날 그는 번개(電)가 전(電)기와 같은 에너지 형태라는 것을 밝혀 내게 됩니다. 이렇게 하여 그는 피뢰침을 발(發)명하게 되고 전기에 관한 다른 유용한 물건(物件)들도 많이 발명하였습니다. 또 이런 이야기도 전해집니다.

학업을 일찍 중단한 그는 독서(書) 클럽을 만들고 회원제 종합도서관을 만들었습니다. 어느 날 그가 자신의 책을 팔기 위해 서(書)점에 앉아 있을 때 한 손님이 책(書)을 골랐습니다. 손님은 책값을 깎아 달라며 졸랐습니다. 하지만 프랭클린은 그럴수록 값을 더 불렀습니다. 화를 내는 손님에게 그는 말했습니다.
"손님. 시간은 무엇보다 소중하고 비싼 것입니다. 손님이 자꾸 제 시간을 빼앗고 계시니 그 값을 쳐서 책값에 보탤 밖에요."
결국 그 손님은 시간의 소중함을 배우고 돌아갔다는 일화는 매우 유명하답니다.

物 : 물건 **물**   件 : 물건 **건**   發 : 필 **발**   電 : 번개 **전**   書 : 글 **서**

벤자민 프랭클린

[Benjamin Franklin, 1706.1.17~1790.4.17]
미국의 정치가·외교관·과학자·저술가입니다.
보스턴 출생으로 신문편집자이며 과학을 연구하는 과학자였습니다. 지진의 원인을 연구하였으며 피뢰침을 발명하였습니다. 펜실베이니아 대학교의 전신이었던 필라델피아 아카데미를 창설하였고 도서관을 설립하는 등 폭넓은 교육문화활동에도 전념하였습니다. 미국의 독립 선언서를 만든 사람 중 한 명이며 아메리카와 프랑스 동맹을 성립시키는 등 정치가로서도 활약이 컸습니다.

物 알아보기

📖 物의 훈과 음을 읽어 보세요.

훈: 물건 음: 물

🔍 物이 만들어진 유래를 알아보세요.

牛 + 勿 → 物
소 우   말 물

牛(소 우)와 勿(말 물)을 합한 한자입니다. 牛는 소라는 뜻을, 勿은 피가 묻은 칼이라는 뜻인데, 칼로 여러 가지 소를 잡는다라는 데서 여러 가지 물건, 만물, 일이라는 뜻을 나타내게 된 한자입니다.

✏️ 빈 칸에 알맞게 쓰세요.

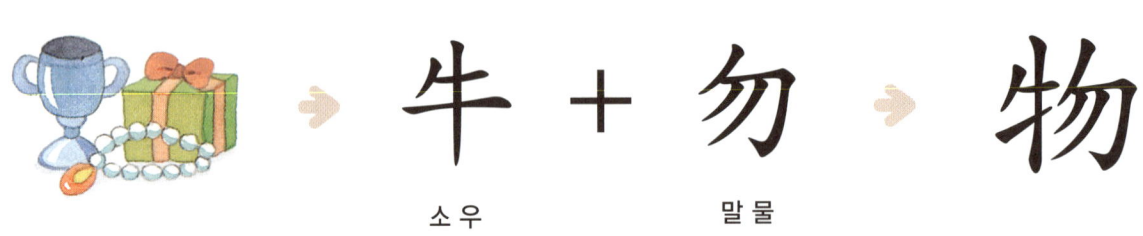

物은 ☐ (소 우)와 ☐ 勿 (말 물)을 합한 한자로

훈은 ☐ 이고, 음은 ☐ 입니다.

확인하기 牛 : 소 우(B1-1)   勿 : 말 물   • 勿은 말다, 없다라는 뜻이 아니라 짐승을 잡고 난 뒤 칼에 피가 묻어 있는 모양입니다.

🔍 物의 부수와 총획수를 알아보고 빈 칸에 알맞게 쓰세요.

物
물건 물

부수 – 牛   총획 – 8획

▶牛는 '소 우'입니다.

· 物의 **훈**은 ☐ 이고, **음**은 ☐ 입니다.

· 物의 **부수**는 ☐ 이고, **총획**은 ☐ 입니다.

✏️ 物의 필순을 알아보고 알맞게 쓰세요.

확인하기 • 牛는 牛(소 우)가 부수로 쓰여 모양이 변한 것입니다.

📖 件의 훈과 음을 읽어 보세요.

훈 : 물건   음 : 건

🔍 件이 만들어진 유래를 알아보세요.

> 亻 + 牛 → 件
> 사람 인   소 우
>
> 亻(사람 인, 人의 변형)과 牛(소 우)를 합한 한자입니다. 소를 잡는 사람(亻)이 소(牛)를 토막내다라는 뜻에서 토막낸 여러 가지의 물건, 사건이라는 뜻을 나타내게 된 한자입니다.

✏️ 빈 칸에 알맞게 쓰세요.

件은 ☐ (사람 인) 과 ☐ (소 우) 를 합한 한자로

훈은 ☐ 이고, 음은 ☐ 입니다.

[확인하기] 人 : 사람 인(A3-11)   牛 : 소 우(B1-1)

🌙 件의 부수와 총획수를 알아보고 빈 칸에 알맞게 쓰세요.

件
물건 건

부수 - 亻   총획 - 6획

▶ 亻은 '사람 인' 입니다.
▶ 亻은 한자의 왼쪽에 쓰이면 '사람 인변' 으로 읽습니다.

· 件의 **훈**은 ☐ 이고, **음**은 ☐ 입니다.

· 件의 **부수**는 ☐ 이고, **총획**은 ☐ 입니다.

✏️ 件의 필순을 알아보고 알맞게 쓰세요.

ノ 亻 亻 亻 仁 件

件 件 件 件

三顧草廬

三顧草廬
삼고초려

三 : 셋 **삼**　顧 : 돌아볼 **고**　草 : 풀 **초**　廬 : 풀집 **려**

중국 후한의 유비가 양양에 은거하고 있던 제갈량의 초옥을 세 번 찾아가 간청하여 드디어 제갈량을 참모로 맞아들인 고사에서 유래하였습니다. 인재를 맞아들이기 위해서 몸을 낮추고 여러 번 찾아가 예를 다하는 일을 뜻합니다.

📖 發의 훈과 음을 읽어 보세요.

훈:필 음:발

🔍 發이 만들어진 유래를 알아보세요.

癶 + 弓 → 發
짓밟을 발   활 궁

癶(짓밟을 발)과 弓(활 궁)을 합해 만든 한자입니다. 癶은 좌우의 발과 손으로 풀을 헤치고 밟는 모양을 본떠 만든 한자입니다. 弓에서 활을 쏘다라는 뜻으로 쓰였으나 의미가 확장되어 **펴다, 일어나다, 쏘다, 드날리다**를 뜻하게 되었습니다. 癶이 그대로 음이 되었습니다.

✏️ 빈 칸에 알맞게 쓰세요.

發은 [癶 (짓밟을 발)] 과 [弓 (활 궁)] 을 합해 만든 한자로

훈은 [   ] 이고, 음은 [   ] 입니다.

확인하기 癶 : 짓밟을 발   弓 : 활 궁

發의 부수와 총획수를 알아보고 빈 칸에 알맞게 쓰세요.

發
필 발

부수 - 癶   총획 - 12획

▶ 癶은 '필 발' 입니다.
▶ 癶은 한자의 윗부분에 쓰이면 '필발머리' 로 읽습니다.

· 發의 **훈**은 ☐ 이고, **음**은 ☐ 입니다.

· 發의 **부수**는 ☐ 이고, **총획**은 ☐ 입니다.

發의 필순을 알아보고 알맞게 쓰세요.

확인하기 · 发은 發의 간체자입니다. 간체자(簡體字)는 중국에서 필획이 많고 복잡한 본래의 정자체를 줄여서 간단히 만든 한자를 말합니다. 곧 중국에서는 發을 发로 표기합니다.

📖 電의 훈과 음을 읽어 보세요.

훈: 번개   음: 전

🔍 電이 만들어진 유래를 알아보세요.

비 우   펼 신

雨(비 우)와 申(펼 신)을 합한 한자입니다. 申은 원래 번개가 치는 모습을 나타낸 것으로 후에 雨를 더하여 번개, 전기를 뜻하게 되었습니다.

✏️ 빈 칸에 알맞게 쓰세요.

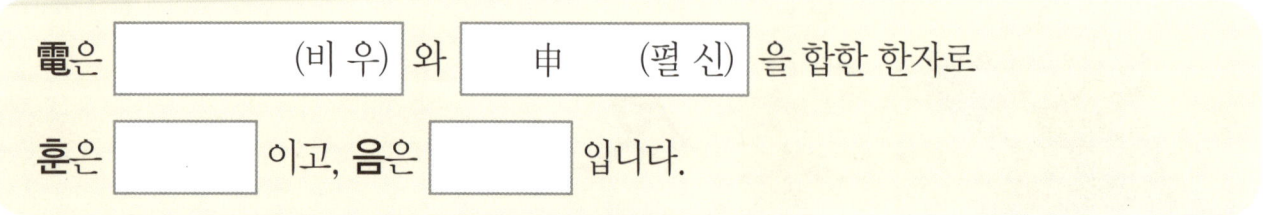

電은 ☐ (비 우)와 ☐ 申 (펼 신)을 합한 한자로 훈은 ☐ 이고, 음은 ☐ 입니다.

확인하기 雨 : 비 우(B3-10)   申 : 펼 신   • 雨가 부수로 쓰인 한자는 주로 날씨와 관련된 뜻을 나타냅니다. 예) 雪(눈 설), 雲(구름 운), 霜(서리 상)

🌙 電의 부수와 총획수를 알아보고 빈 칸에 알맞게 쓰세요.

電
번개 전

부수 - 雨   총획 - 13획

▶ 雨는 '비 우' 입니다.

· 電의 **훈**은 [　　] 이고, **음**은 [　　] 입니다.

· 電의 **부수**는 [　　] 이고, **총획**은 [　　] 입니다.

✏️ 電의 필순을 알아보고 알맞게 쓰세요.

一 ㄱ ㄕ ㄕ 币 雨 雨 雨 雷 雷 雷 雷 電

電 電 電 電

电 电 电 电

확인하기 · 电은 電의 간체자입니다. 간체자(簡體字)는 중국에서 필획이 많고 복잡한 본래의 정자체를 줄여서 간단히 만든 한자를 말합니다. 곧 중국에서는 電을 电으로 표기합니다.

기탄한자 G4-200b

📖 書의 훈과 음을 읽어 보세요.

훈:글 음:서

🔍 書가 만들어진 유래를 알아보세요.

聿(붓 율)과 曰(가로 왈)을 합한 한자입니다. 聿은 손으로 붓을 잡고 있는 모습에서 기록하다, 글, 책이라는 뜻을 나타내었습니다. 曰은 者(사람 자)를 간략하게 쓴 것으로 者(자 → 서)가 음부분이 되었습니다.

✍ 빈 칸에 알맞게 쓰세요.

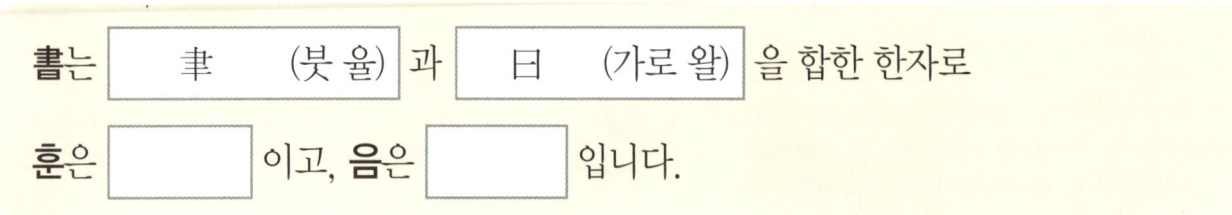

확인하기 聿 : 붓 율   曰 : 가로 왈   • 曰은 말하다라는 뜻이 아니라 者(사람 자)의 모양이 변한 것입니다.

📖 書의 부수와 총획수를 알아보고 빈 칸에 알맞게 쓰세요.

書
글 서

부수 - 曰   총획 - 10획

▶ 曰은 '가로 왈' 입니다.

· 書의 **훈**은 [　　] 이고, **음**은 [　　] 입니다.
· 書의 **부수**는 [　　] 이고, **총획**은 [　　] 입니다.

✏️ 書의 필순을 알아보고 알맞게 쓰세요.

〔확인하기〕
· 书는 書의 간체자입니다. 간체자(簡體字)는 중국에서 필획이 많고 복잡한 본래의 정자체를 줄여서 간단히 만든 한자를 말합니다. 곧 중국에서는 書를 书로 표기합니다.
· 書는 フ 극 극 글 聿 聿 書 書 書 書 의 순서로 쓰기도 합니다.

기탄한자 G4-201b

술술술 漢字동화

동화를 읽고 보기 에서 알맞은 한자나 음을 찾아 쓰세요.

선행과 쾌락 1

거대한 여객선이 바다를 항해하고 있었습니다. 그러던 어느 날 갑자기 큰 **事件**[ ][ ]이 벌어졌습니다. 폭풍우가 밀어닥쳐 배가 항로를 잃고 만 거지요. 몰아치는 비바람과 천둥 **번개**[ ]로 인한 두려움에 시달리던 **밤**[ ]이 지나고 아침이 되자 바다는 다시 고요해졌습니다.

그리고 배는 아름다운 섬에 닿았습니다. 섬에는 온갖 꽃들이 활짝 피어 있었고, 달콤한 과실들이 주렁주렁 열려 있었습니다. 배의 승객들은 다섯 부류로 나뉘어졌습니다.

보기   電   사건   夜   物件   발생

첫 번째 무리는 만약 자기들이 섬에 내리면 그 동안 다시 폭풍이 몰아쳐 배가 떠내려가는 일이 發生□□할까봐 무척 걱정스러웠습니다.

"아쉽긴 하지만 배에 남는 게 안전할 거야."

두 번째 무리는 서둘러 섬에 내려 과일로 배를 채우고 향기로운 꽃 냄새를 즐기고 잠시 휴식을 취한 뒤 곧 배로 돌아왔습니다.

세 번째 무리는 섬의 아름다움에 취해 좀처럼 배로 돌아갈 생각을 하지 않았습니다. 그러다가 서늘한 바람이 불자 정신을 차리고 황급히 배로 돌아왔지만, 자신들의 소중한 물건□□을 잃어버렸거나 좋은 자리를 빼앗기고 말았습니다.

– 계속 –

事 : 일 사(G2-6)　　夜 : 밤 야(G1-3)　　生 : 날 생(B1-3)

物로 漢字語 만들기

📖 빈 칸에 알맞게 쓰고 物로 이루어지는 한자어를 알아보세요.

1.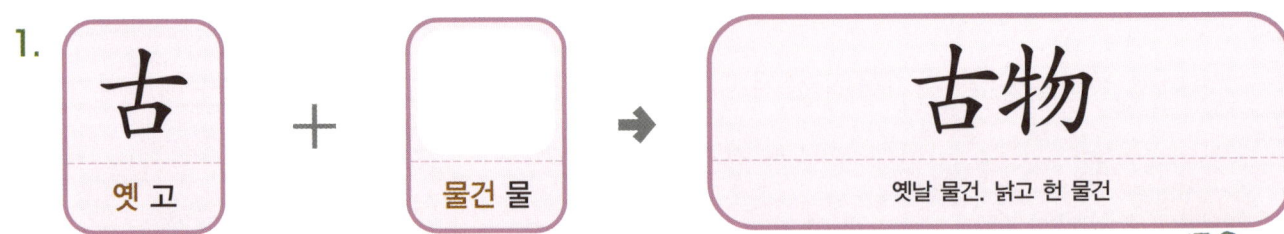

古物(　　　) 장수에게 억세게 재수 좋은 일이 벌어졌습니다. 헐값에 사들인 古物더미에서 금덩이를 발견한 것입니다.

2.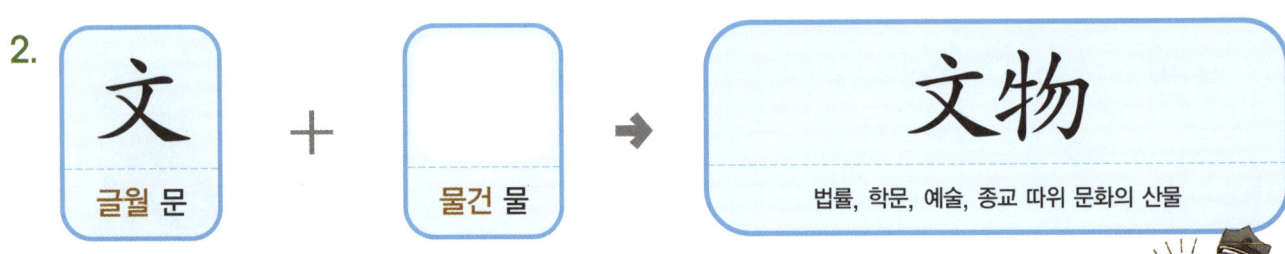

"우리 나라가 일본의 침략을 받고 시달리는 것은 나라의 힘이 약한 까닭이다. 나라의 힘을 기르려면 서양 文物(　　　)을 받아들이고 신학문을 배워야 한다."

3.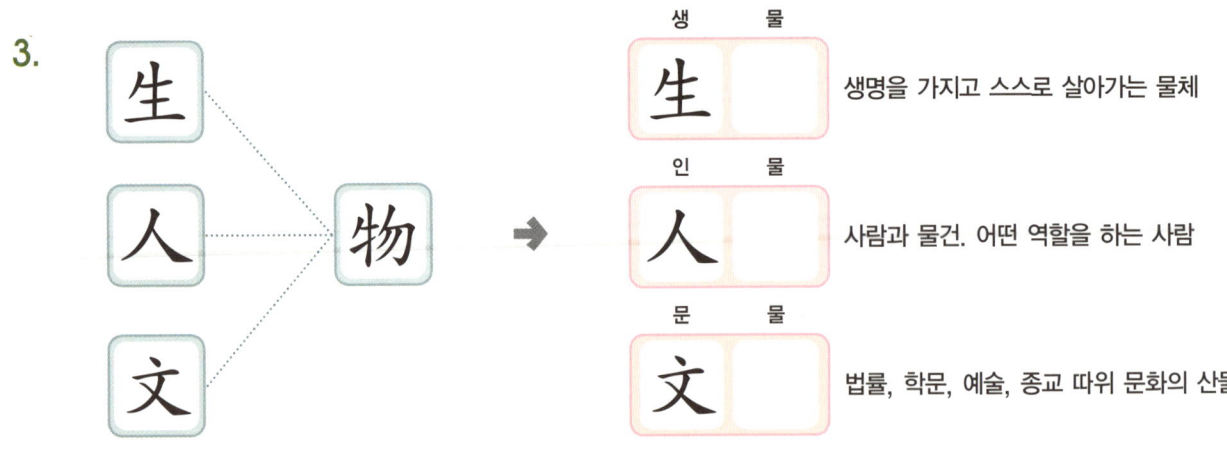

生物 — 생명을 가지고 스스로 살아가는 물체

人物 — 사람과 물건. 어떤 역할을 하는 사람

文物 — 법률, 학문, 예술, 종교 따위 문화의 산물

확인하기 古 : 옛 고(C3-11)   文 : 글월 문(C1-1)   生 : 날 생(B1-3)   人 : 사람 인(A3-11)

件으로 漢字語 만들기

📖 빈 칸에 알맞게 쓰고 件으로 이루어지는 한자어를 알아보세요.

1.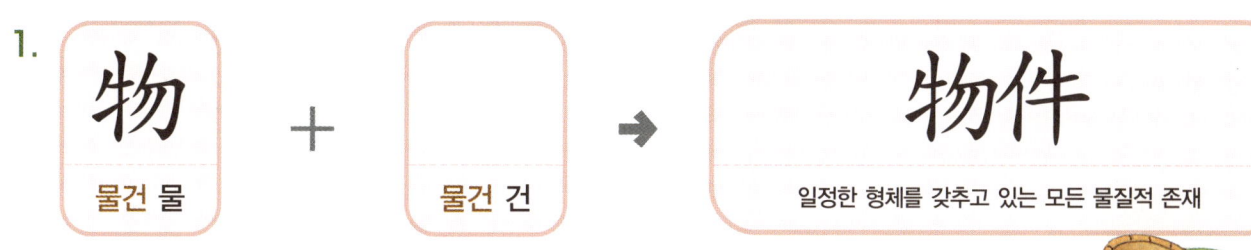

풀은 약초로 쓰이기도 하고 먹거리가 되기도 하며, 생활에 도움이 되는 **物件**(　　　)을 만드는 재료가 되기도 하였습니다.

2.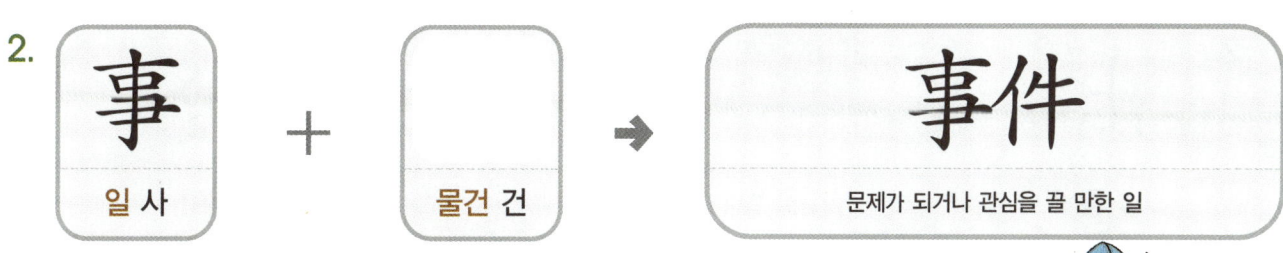

도련님은 그 **事件**(　　　)을 없던 일로 덮어두었습니다. 그러자 범인은 오히려 크게 뉘우쳐 더욱 열심히 일하였습니다.

3.

확인하기　事 : 일 사(G2-6)　　用 : 쓸 용(D1-3)

發로 漢字語 만들기

📖 빈 칸에 알맞게 쓰고 發로 이루어지는 한자어를 알아보세요.

1.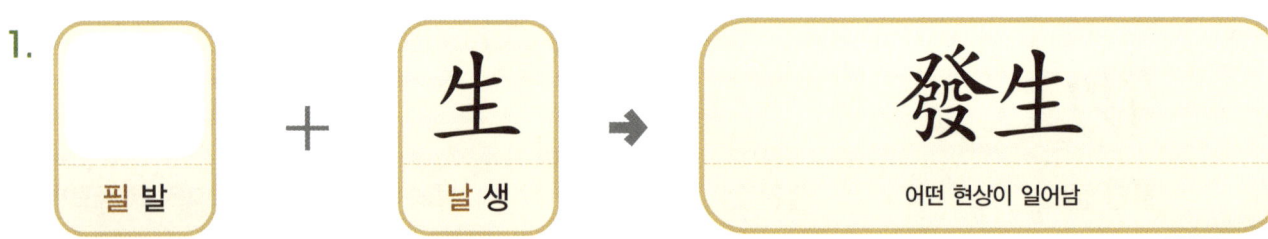

| 필발 | + | 生 날 생 | → | 發生 어떤 현상이 일어남 |

우리 나라에서 자주 **發生**( )하는 자연 재해는 태풍과 호우, 장마와 가뭄, 우박, 폭설 등이다.

2.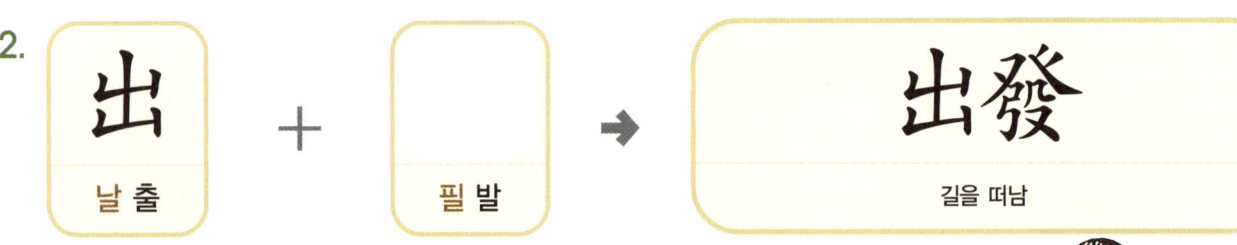

| 出 날 출 | + | 필발 | → | 出發 길을 떠남 |

현장 학습을 하러 가는 날, 한 친구가 오지 않아서 **出發**( )을 못 하고 있습니다. 한 친구가 시간을 지키지 않아 우리반 36명의 시간이 허비되고 있었습니다.

3.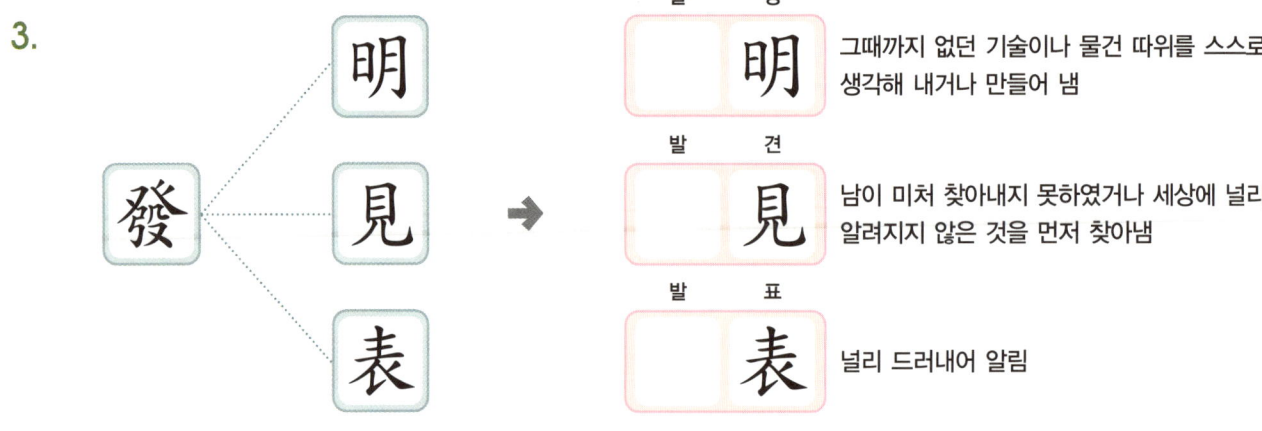

發 → 明 / 見 / 表

- 발명 明 : 그때까지 없던 기술이나 물건 따위를 스스로 생각해 내거나 만들어 냄
- 발견 見 : 남이 미처 찾아내지 못하였거나 세상에 널리 알려지지 않은 것을 먼저 찾아냄
- 발표 表 : 널리 드러내어 알림

확인하기 生 : 날 생(B1-3) 出 : 날 출(C2-5) 明 : 밝을 명(C2-7) 見 : 볼/뵈올 견/현(D4-14) 表 : 겉 표(E3-11)

電으로 漢字語 만들기

👀 빈 칸에 알맞게 쓰고 電으로 이루어지는 한자어를 알아보세요.

1.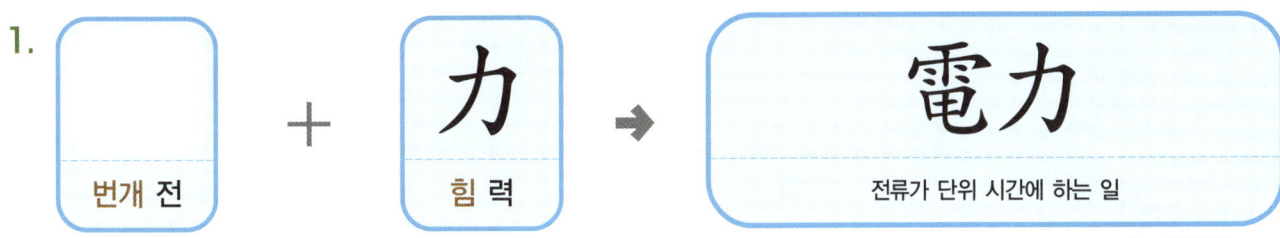

電力( )의 단위는 W(와트)이다. 1V(볼트)의 전압으로 1A(암페어)의 전류가 흐를 때를 1W(와트)라 한다.

2.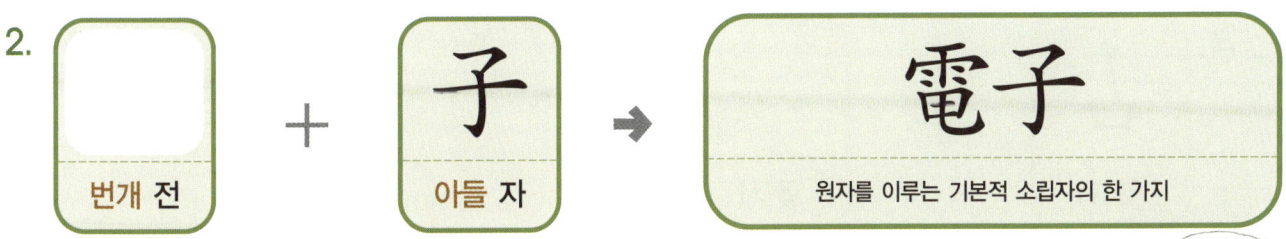

電子( ) 부품 중에서 황화카드뮴은 빛의 양에 따라 저항값이 변하는 특성이 있는데, 이 원리를 이용하면 빛을 감지할 수 있는 電子 제품을 만들 수 있습니다.

3.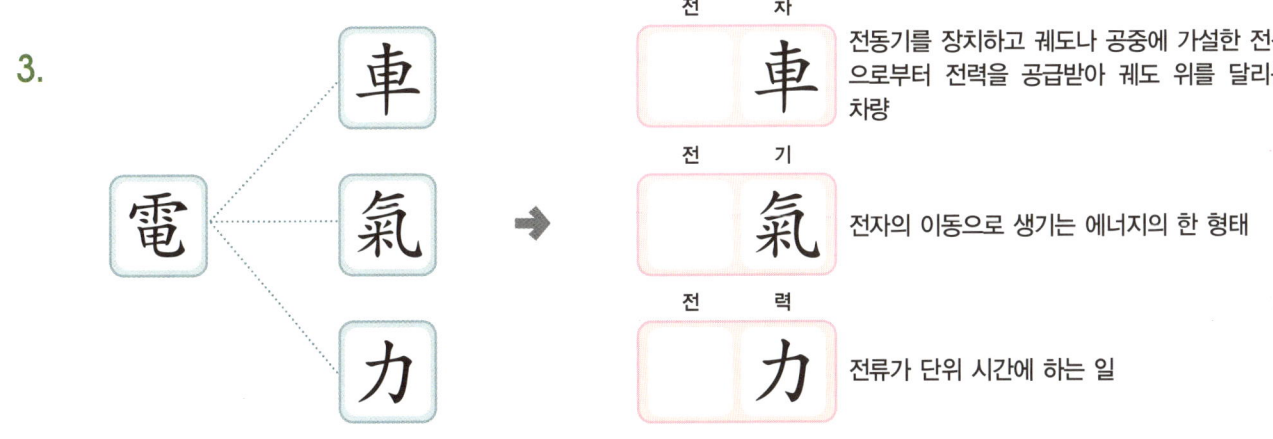

확인하기 力 : 힘 력(A4-14)   子 : 아들 자(B1-2)   車 : 수레 거/차(B2-5)   氣 : 기운 기(G2-5)

기탄한자 **G4-204b**

書로 漢字語 만들기

빈 칸에 알맞게 쓰고 書로 이루어지는 한자어를 알아보세요.

1.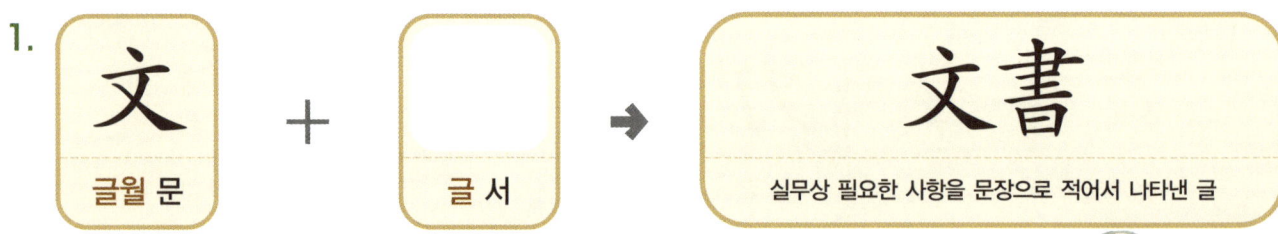

文書( ) 작성용 프로그램을 개발한 한 회사는 프로그램 개발을 포기하고 외국에 있는 회사로부터 자본을 받아들이기로 하였다.

2.

청주 고인쇄 박물관은 古書( ), 인쇄 기구, 흥덕사 출토 유물 등 1800여 점의 유물을 소장하고 있습니다.

3.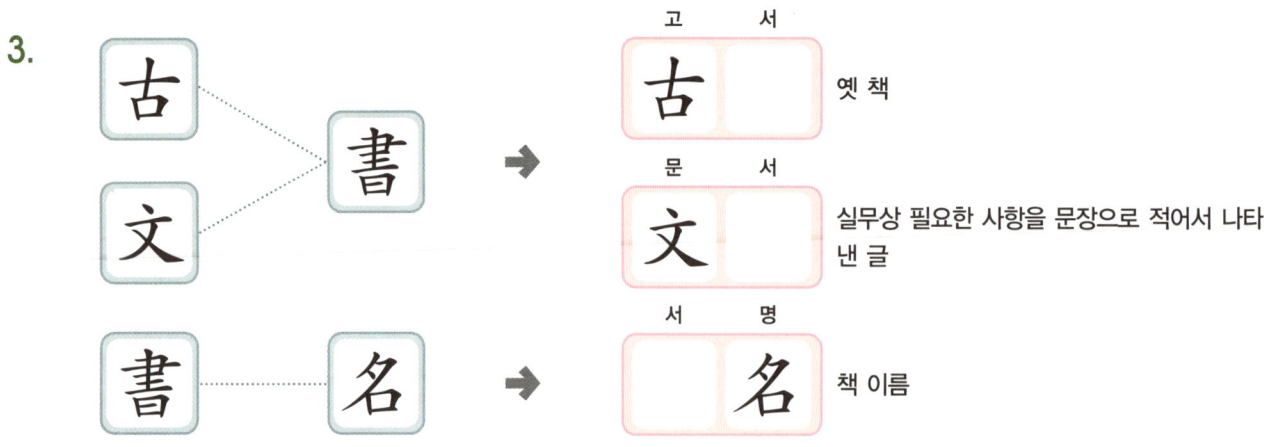

확인하기 文 : 글월 문(C1-1) 古 : 옛 고(C3-11) 名 : 이름 명(D1-2)

G4-205a 기탄한자

新聞으로 배우는 漢字

◎ 신문 기사를 읽고 물음에 답하세요.

나도 新聞을 읽을 수 있어요!   제13호

대한민국은 배달천국

"자장면 배달시키신 분~"
전화 한 통이면 몇 분도 안돼 '휘리릭' 하고 집 앞에 도착하는 신속성. '주문즉시 배달'의 정신. 그 이유 하나만으로 자장면 배달 한 번 안 시켜 본 사람이 있을까. 그러나 '배달의 기수' 자장면 배달원은 이제 '배달계'에선 고전에 속한다. 요즈음 웬만한 ㉠物件치고 배달되지 않는 것이 없다. 아예 물품 구입의 기준을 배달이 되느냐 안 되느냐로 판단하는 사람들도 많다. 전화 한 통화나 마우스 클릭만 하면 원하는 물건을 집에 앉아서 받을 수 있다. 아침밥, 과일 등 먹거리뿐 아니라 DVD·사진·논문 등 수많은 물품들이 안방에 배달되고 있다. 여기에 배달계의 '양대 주자' 퀵서비스와 택배도 고객을 끌기 위해 다양한 서비스를 제공하고 있다. 지금은 배달시대. 뭐든지 주문만 하라.

전화나 마우스 클릭으로 뚝딱 배달
배달시대의 혜택을 톡톡히 누리고 있는 사람들은 바쁜 샐러리맨들이나 맞벌이 부부다. 아침 굶기를 밥 먹듯이 했다는 김모씨(30). 그는 요즘 한 달에 4만원 하는 과일 배달서비스를 이용한다. 그는 "평소 준비하는 게 귀찮아서 아침을 잘 먹지 않았는데 신선한 과일을 아침마다 먹으니까 아침 출근길이 즐겁다"고 했다.

사실 아침 배달 서비스는 이제 보편화된 얘기다. 건강과 ㉡美容, 생활편의를 추구하는 ㉢現代인들의 기호에 맞춘 각종 식품 배달 전문점이 유망 창업아이템으로 떠오르고 있을 정도다. 밥이나 죽은 물론이고 샌드위치·케밥·베이글·달걀찜·고등어자반구이까지 배달해준다. 여기에 양상추·샐러리·적색채 등 야채들을 곁들인 샐러드나 신선한 과일, 생식과 녹즙 같은 건강식품도 집이나 회사에서 바로 받을 수 있다. 전날 과음한 직장인들을 위한 해장국 배달도 있다.

아침만 배달되는 게 아니다. 직장에서 밤늦게 야근을 하다보면 배가 출출해지기 일쑤. 그럴 땐 주저 없이 전화 다이얼을 눌러라. 족발집이나 감자탕집 등 24시간 영업하는 식당은 이미 흔하다. 요즈음에는 ㉣夜食만 전문적으로 배달하는 곳도 상당수다. 전골·찜·탕·볶음요리부터 파전·두부김치·도토리묵 등 안주거리까지 배달해준다. 심지어 PET병에 시원한 생맥주를 담아 배달해주기도 한다.

[경향신문] 2003-09-01

1. ㉠, ㉡, ㉢, ㉣의 음을 쓰세요.

기탄한자 G4-205b

漢字語 다지기

物件發電書

✏ 빈 칸에 알맞은 음을 쓰고 필순에 맞게 한자를 쓰세요.

文物 1. 문물	物	ノ ノ 牛 牛 牜 物 物 物
事件 2.	件	ノ 亻 亻 亻 仁 件
出發 3.	發 发	ノ ⺌ 癶 癶 癶 ע 登 發 發 發
電力 4.	電 电	一 厂 戸 币 而 重 雷 雷 雷 雷 電
文書 5.	書 书	フ ㄱ ㅋ ㅋ 聿 聿 圭 書 書 書

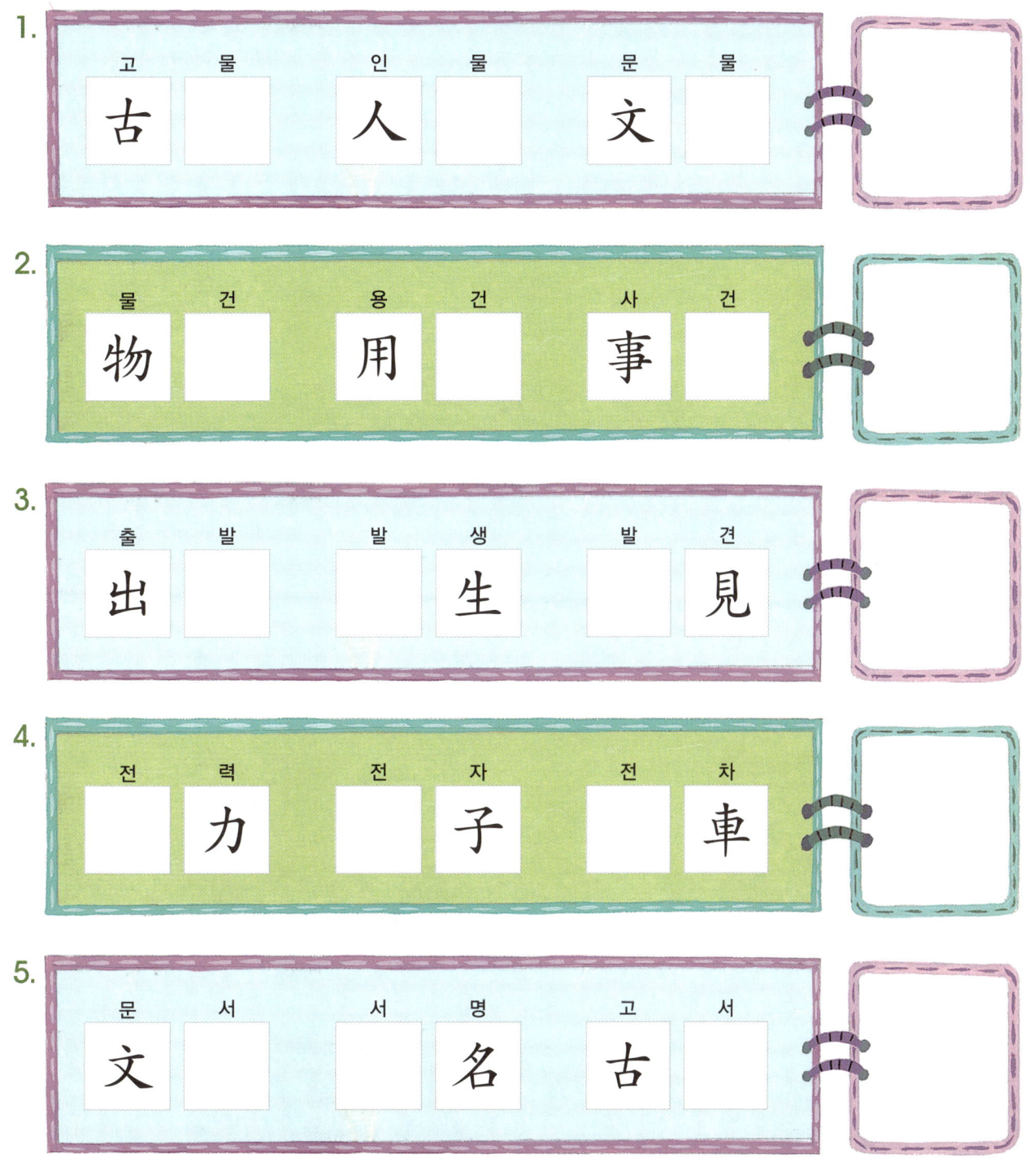

1. 서로 관련 있는 것끼리 선으로 이으세요.

物 · · 글 · · 건
書 · · 물건 · · 서
發 · · 물건 · · 물
電 · · 필 · · 전
件 · · 번개 · · 발

2. 다음 빈 칸에 알맞은 한자를 쓰세요.

3. 다음 빈 칸에 공통적으로 들어갈 한자를 쓰세요.

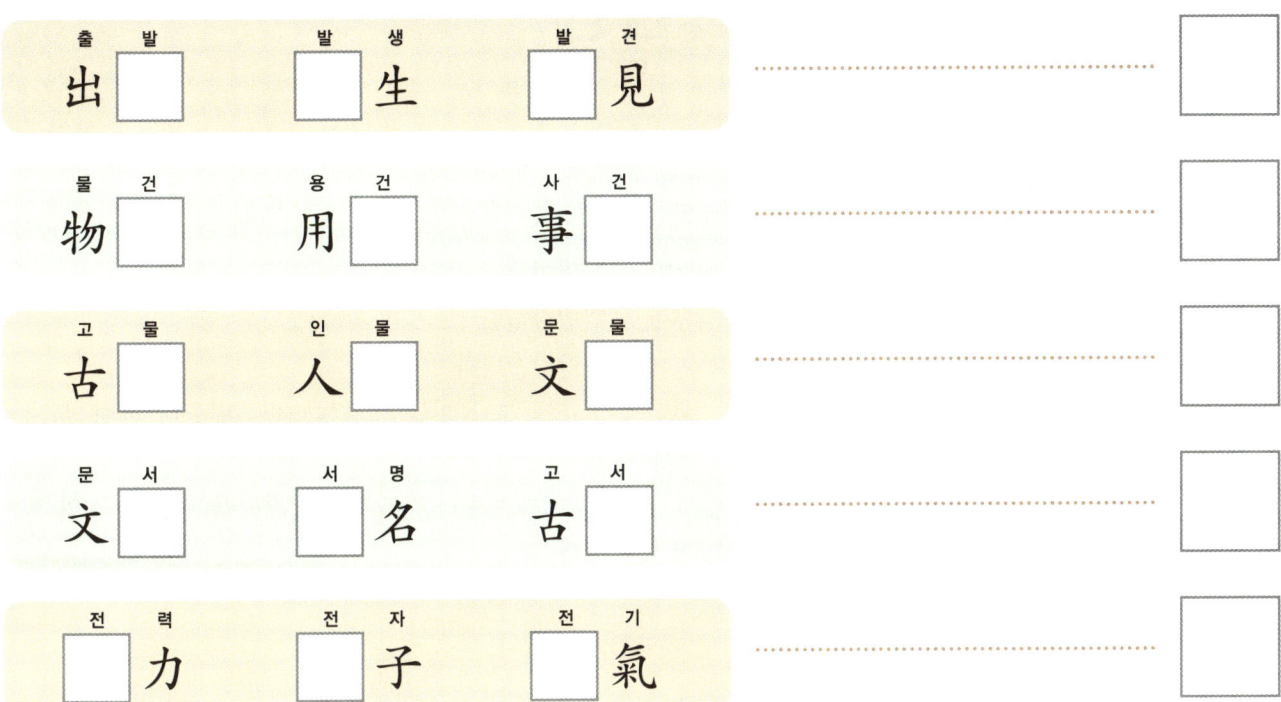

4. 다음 보기 에서 알맞은 한자어를 찾아 쓰세요.

| 보기 | 生物 | 事件 | 出發 | 電力 | 文書 |

• 자연은 크게 [생][물] 과 무생물로 나눌 수 있습니다.

• 춘천 가는 고속 버스는 30분마다 [출][발] 합니다.

• 컴퓨터를 이용하여 [문][서] 를 작성하면 보관과 수정이 편리합니다.

• 여름은 [전][력] 수요가 급증하는 계절입니다.

• 뉴스는 갖가지 [사][건] 과 사고 소식을 알려 준다.

공작 깃털의 눈 무늬

김 진사에게는 예쁜 딸이 하나 있었습니다. 그 딸이 다 자라 시집 갈 나이가 되자, 김 진사는 걱정이 생겼습니다. 사윗감을 고르기가 쉽지 않았기 때문입니다.

'심지가 굳은 사람이어야 할 텐데. 그걸 어떻게 알아 볼 수 있을까? 옳지, 활쏘기로 결정하자. 과녁을 제대로 맞히는 사람은 집중력이 강하니까 무슨 일이든지 잘할 거야.'

김 진사는 다음 날 공작의 깃털을 큰 나무에 내걸었습니다. 그리고 공작 깃털에 있는 눈처럼 생긴 무늬를 맞히는 사람을 사위로 삼겠다고 온 마을에 알렸습니다.

평소 김 진사의 딸을 짝사랑하던 동네 청년들은 너도나도 몰려들었습니다. 하지만 깃털의 눈 무늬를 제대로 맞히는 사람은 하나도 없었습니다.

며칠이 지나도 과녁을 맞히는 청년이 없자, 김 진사에게는 또다른 걱정이 생겼습니다. 괜히 딸의 혼삿길을 막은 것은 아닌가 하는 생각 때문에 말입니다.

그러던 어느 날, 한 청년이 김 진사의 집에 찾아왔습니다. 옷차림은 허름했지만 두 눈은 반짝반짝 빛이 났습니다.

"소문을 듣고 왔습니다. 과녁을 맞힐테니 따님을 주십시오."

"저 과녁을 맞힌다면야, 내 사위로 삼는 건 당연하지."

그 청년이 비록 당당해 보이기는 했지만, 김 진사는 아무래도 걱정이 되었습니다.

'이름난 궁수들도 못 맞히는데, 저 청년이 과연 맞힐 수 있을까?'

하지만 얼마 지나지 않아 김 진사의 걱정은 청년이 쏜 화살을 타고 멀리 날아가 버렸습니다. 청년의 화살이 보기 좋게 깃털의 눈 무늬를 꿰뚫었던 것입니다.

김 진사는 맨발로 뛰어나가 그 청년을 맞아들였습니다. 그리고 곧바로 딸의 혼례를 치렀다고 합니다.

사람들은 이 이야기를 듣고, 그 과녁을 공작의 눈 무늬 과녁이라는 뜻으로 '목적(目的)'이라고 불렀습니다. 그리고 훗날 이 '목적'이라는 말은 '이룩하거나 도달하려고 하는 목표나 방향'이라는 뜻으로 사용되었습니다.

 目 : 눈 목(A3-10)   的 : 과녁 적

G 단계에서 배운 한자들

物	물건 물
件	물건 건
發	필 발
電	번개 전
書	글 서

貴	愛	病	死	敬
귀할 귀	사랑 애	병 병	죽을 사	공경 경

問	答	登	場	省	春	夏	秋	冬	溫
물을 문	대답할 답	오를 등	마당 장	살필/덜 성/생	봄 춘	여름 하	가을 추	겨울 동	따뜻할 온

現	在	協	商	事	社	會	技	能	部
나타날 현	있을 재	도울 협	장사 상	일 사	모일 사	모일 회	재주 기	능할 능	거느릴/떼 부

夜	景	成	功	者	時	間	空	氣	集
밤 야	볕 경	이룰 성	공 공	사람 자	때 시	사이 간	빌 공	기운 기	모일 집

果	實	夫	婦	美	重	要	活	動	得
열매 과	열매 실	남편 부	아내 부	아름다울 미	무거울 중	요긴할 요	살 활	움직일 동	얻을 득

받아쓰기

♥ 엄마가 한자나 한자어를 부르고 아이가 받아쓰도록 합니다.

14호

기탄교과서한자 G단계 4집 209a~224a

G4집
193a-256a

1. 다음 빈 칸에 알맞은 훈음을 쓰세요.

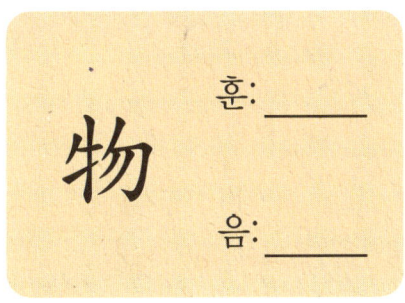 訓: ___ 音: ___

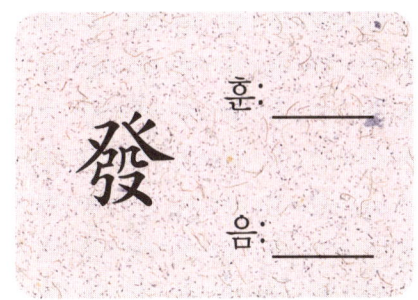 訓: ___ 音: ___

物 훈: ___ 음: ___

電 훈: ___ 음: ___

發 훈: ___ 음: ___

書 훈: ___ 음: ___

2. 서로 관련 있는 것끼리 선으로 이으세요.

物 •　　　　　　　• 日 부수 - 총 10획

件 •　　　　　　　• 牛 부수 - 총 8획

電 •　　　　　　　• 亻 부수 - 총 6획

書 •　　　　　　　• 雨 부수 - 총 13획

209a-224a

- 다시보기를 통하여 物, 件, 發, 電, 書의 훈, 음, 형, 한자어를 복습합니다.
- 이번 주 학습 한자인 高, 低, 苦, 樂, 朝의 용례를 문장 속에서 찾아봅니다.
- 인물 이야기 '인간성 회복을 부르짖은 루소'를 읽고 학습 한자를 알아봅니다.

209a~211b

- 알아보기를 통하여 高, 低의 3요소와 필순, 부수를 학습합니다.
- 高, 低의 자원을 이해하고 음부분과 뜻부분을 나누어 이해합니다.
- 만화로 고사성어 脣亡齒寒의 뜻과 쓰임을 알아보고 적절한 때 사용할 수 있습니다.

212a~214b

- 알아보기를 통하여 苦, 樂, 朝의 3요소와 필순, 부수를 학습합니다.
- 苦, 樂, 朝의 자원을 이해하고 樂의 간체자를 익혀 봅니다.
- 동화 '선행과 쾌락'을 읽고 학습한 한자를 동화 속에서 활용해 학습합니다.

215a~218b

- 한자 高, 低, 苦, 樂, 朝를 다른 한자와 결합하여 한자어를 익힙니다.
- 알고 있는 한자와 결합하여 스스로 造語(조어) 원리를 이해할 수 있습니다.
- 신문 기사를 읽고 기사문 속에 한자의 3요소를 적용하여 학습합니다.

219a~221b

- 이번 주에 학습한 한자, 한자어 학습을 마무리합니다.
- 풀어보기를 통해 학습 한자를 정리하고 읽을거리 '용의 수염을 닮은 것'을 읽어봅니다.
- 형성평가를 풀이하여 한 주 학습의 성취도를 스스로 진단합니다.

222a~224a

G단계 학습 한자 일람

	G단계			
1집	果, 實, 夫, 婦, 美	**2집**	時, 間, 空, 氣, 集	
	重, 要, 活, 動, 得		現, 在, 協, 商, 事	
	夜, 景, 成, 功, 者		社, 會, 技, 能, 部	
	복습		복습	
3집	問, 答, 登, 場, 省	**4집**	物, 件, 發, 電, 書
	春, 夏, 秋, 冬, 溫		高, 低, 苦, 樂, 朝
	貴, 愛, 病, 死, 敬		眞, 理, 學, 習, 賞
	복습		복습

학습 진단 관리표

	한자		한자어		이번 주는
	읽기	쓰기	읽기	쓰기	
금주평가	Ⓐ아주 잘함	Ⓐ아주 잘함	Ⓐ아주 잘함	Ⓐ아주 잘함	• 학습방법 ❶매일매일 ❷가끔 ❸한꺼번에 하였습니다.
	Ⓑ잘함	Ⓑ잘함	Ⓑ잘함	Ⓑ잘함	• 학습태도 ❶스스로 잘 ❷시켜서 억지로 하였습니다.
	Ⓒ보통	Ⓒ보통	Ⓒ보통	Ⓒ보통	• 학습흥미 ❶재미있게 ❷싫증내며 하였습니다.
	Ⓓ노력해야 함	Ⓓ노력해야 함	Ⓓ노력해야 함	Ⓓ노력해야 함	• 교재내용 ❶적합하다고 ❷어렵다고 ❸쉽다고 하였습니다.
	지도 교사가 부모님께				부모님이 지도 교사께

종합평가	Ⓐ아주 잘함	Ⓑ잘함	Ⓒ보통	Ⓓ노력해야 함

G4집
14호
209a-224a

초등 교과서 한자어를 총체 분석한 어휘력 향상 한자 학습 프로그램

공부한 날   월   일 ~   월   일
　　　　　　　　　교　　　　반
이름　　　　　　전화

www.gitan.co.kr

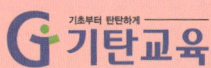

3. 다음 보기 에서 알맞은 한자어를 찾아 쓰세요.

> 보기 　　出發　　　　古物　　　　物件　　　　電力

- 옛날 물건, 낡고 헌 물건 ……… ☐☐
- 전류가 단위 시간에 하는 일 ……… ☐☐
- 길을 떠남 ……… ☐☐
- 일정한 형체를 갖추고 있는 모든 물질적 존재 ……… ☐☐

4. 다음 보기 에서 알맞은 음을 찾아 쓰세요.

> 보기 　　기능　　　　문서　　　　필요

컴퓨터를 이용하여 文書☐☐를 작성하면 여러 가지 편리한 점이 많고, 문서를 다양하게 꾸밀 수 있습니다. 워드 프로세서의 다양한 技能☐☐과 사용법을 익혀 나에게 必要☐☐한 문서를 작성해 봅시다.

高, 低가 쓰인 문장을 읽고 빈 칸에 한자어의 음을 쓰세요.

엄마는 화가 날 때면 얼굴빛이 붉어지고 목소리 톤은 한없이 높은 **高音(고음)**으로 변한다.

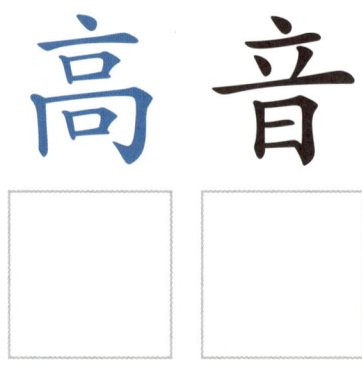

약물의 오용 및 남용이 우리 신체와 정신에 끼치는 영향에는 뇌손상, 간손상, 신장 기능 **低下(저하)** 등이 있습니다.

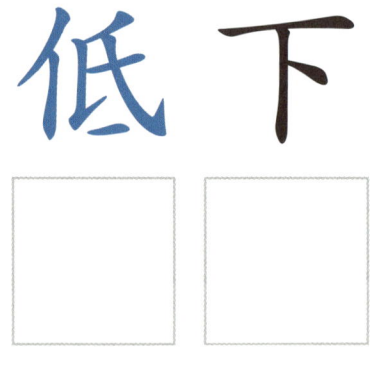

확인하기 音 : 소리 음(D1-1)   下 : 아래 하(A4-15)

苦, 樂이 쓰인 문장을 읽고 빈 칸에 한자어의 음을 쓰세요.

"엄마가 어렸을 적엔 비가 새는 집들이 많았지. 어느 날 할머니께서는 반나절 동안이나 다리미로 젖은 책을 다리느라 **苦生**(고생)을 하신 적도 있단다."

苦 生
☐ ☐

흥겨운 **音樂**(음악)에 어깨춤이 절로 덩실덩실.

音 樂
☐ ☐

 生 : 날 생(B1-3)   音 : 소리 음(D1-1)

朝가 쓰인 문장을 읽고 빈 칸에 한자어의 음을 쓰세요.

우리 나라에 관한 역사 왜곡의 예를 찾아보면 '조선 **王朝(왕조)**'를 '이씨 조선'으로, '동해'를 '일본해'로 잘못 표기하는 것을 들 수 있다.

高, 低, 苦, 樂, 朝가 쓰인 한자어의 음을 읽어 보세요.

高音 고음   低下 저하   苦生 고생

音樂 음악   王朝 왕조

확인하기 王 : 임금 왕(B2-7)   音 : 소리 음(D1-1)   下 : 아래 하(A4-15)   生 : 날 생(B1-3)

🌑 인물 이야기를 통해 高, 低, 苦, 樂, 朝의 훈음을 알아보세요.

인간성 회복을 부르짖은 루소

루소는 프랑스의 소설가이자 철학가입니다. 루소는 특히 어린이 보호와 올바른 교육 이론을 세우는데 높은(高) 업적을 남겼습니다. 이 이야기는 루소의 일화입니다.

어느 날 아침(朝), 루소는 즐거운(樂) 마음으로 집을 나섰습니다. 그런데 낮은(低) 울타리 밑에 가난해 보이는 한 소년이 쪼그리고 앉아 있었습니다. 맨발에다 누더기 옷을 입고 매우 고(苦)생한 듯한 모습이었습니다. 루소는 그 소년이 딱해 보여 호주머니의 동전을 전부 털어 주었습니다. 그 후 소년은 매일 산책하는 루소를 기다렸습니다. 그럴 때마다 루소는 동전을 주었습니다.

매일 자신만 기다리는 소년을 보자 루소는 고(苦)민이 생겼습니다.

'내가 대체 무슨 행동을 한 걸까? 저 소년에게 왜 동전을 주었을까?'

다음 날 루소는 다시 소년과 마주쳤지만 그냥 모른 채하고 지나갔습니다. 그러자 소년이 따라와 물었습니다.

"왜 오늘은 그냥 가세요?"

"이제 너에게 동전을 주지 않겠다. 네게 동전을 주면 당장은 편하겠지. 하지만 넌 더 이상 희망을 가질 수 없을 거야. 이제 너 스스로 노력해서 살 길을 찾으렴. 희망은 구걸하는 게 아니라 스스로 만들어 가는 거란다."

그러자 소년도 고개를 끄덕였습니다.

高 : 높을 고   低 : 낮을 저   苦 : 쓸 고   樂 : 즐길/풍류/좋아할 락/악/요   朝 : 아침 조

루소 [Jean-Jacques Rousseau, 1712.6.28 ~ 1778.7.2]
프랑스의 사상가이자 소설가입니다. 가난한 시계수리공의 아들로 태어나 아버지에게 양육되었습니다. 평생 동안 어린이 보호와 인간성 회복에 관해 연구하고 주장하였습니다. 인간은 자연 상태에서 가장 선하고 자유롭다고 생각했으며 '자연으로 돌아가라' 라는 명언을 남겼습니다. 수많은 저서를 남겼으며 대표적인 저서 ≪에밀≫은 소설 형식의 교육론입니다.

📖 高의 훈과 음을 읽어 보세요.

훈: 높을 음: 고

🔍 高가 만들어진 유래를 알아보세요.

높이 솟은 누각의 모습을 본떠 만든 한자입니다. 높이 솟은 모양에서 높다, 크다라는 뜻을 나타냅니다.

✍ 빈 칸에 알맞게 쓰세요.

高는 높이 솟은 누각의 모습을 본떠 만든 한자로

훈은 □ 이고, 음은 □ 입니다.

高의 부수와 총획수를 알아보고 빈 칸에 알맞게 쓰세요.

高
높을 고

부수 - 高   총획 - 10획

▶高는 자기 자신이 부수로 쓰이는 한자입니다. 이런 한자를 '제부수자'라 합니다.

· 高의 **훈**은 [　　] 이고, **음**은 [　　] 입니다.
· 高의 **부수**는 [　　] 이고, **총획**은 [　　] 입니다.

高의 필순을 알아보고 알맞게 쓰세요.

📖 低의 훈과 음을 읽어 보세요.

훈: 낮을   음: 저

🔍 低가 만들어진 유래를 알아보세요.

→ 亻 + 氐 → 低

　　사람 인　　낮을 저

亻(사람 인, 人의 변형)과 氐(낮을 저)를 합한 한자입니다. 사람이 무거운 것을 드느라 숙이고 있는 모습(氐)에서 몸을 낮추다, 낮다라는 뜻을 나타내는데, 亻은 뜻을 보충하기 위해 나중에 덧붙여진 것입니다.

✏️ 빈 칸에 알맞게 쓰세요.

低는 　　　(사람 인)과 　氐　(낮을 저)를 합한 한자로

훈은 　　　이고, 음은 　　　입니다.

확인하기   人 : 사람 인(A3-11)   氐 : 낮을 저

🔍 低의 부수와 총획수를 알아보고 빈 칸에 알맞게 쓰세요.

低
낮을 저

부수 - 亻   총획 - 7획

▶ 亻은 '사람 인' 입니다.
▶ 亻은 한자의 왼쪽에 쓰이면 '사람 인변' 으로 읽습니다.

· 低의 **훈**은 [　　] 이고, **음**은 [　　] 입니다.

· 低의 **부수**는 [　　] 이고, **총획**은 [　　] 입니다.

✏️ 低의 필순을 알아보고 알맞게 쓰세요.

丿 亻 亻 仁 仟 低 低

低 低 低 低

확인하기 · 高(높을 고)와 低는 서로 상대되는 뜻을 가진 한자입니다.

脣 : 입술 순　　亡 : 망할 망　　齒 : 이 치　　寒 : 찰 한

입술이 없으면 이가 시리다는 뜻으로 이해 관계가 서로 밀접하여 한쪽이 망하면 다른 한쪽도 보전하기 어려움을 비유하여 이르는 말입니다.

📖 苦의 훈과 음을 읽어 보세요.

훈:쓸 음:고

🔍 苦가 만들어진 유래를 알아보세요.

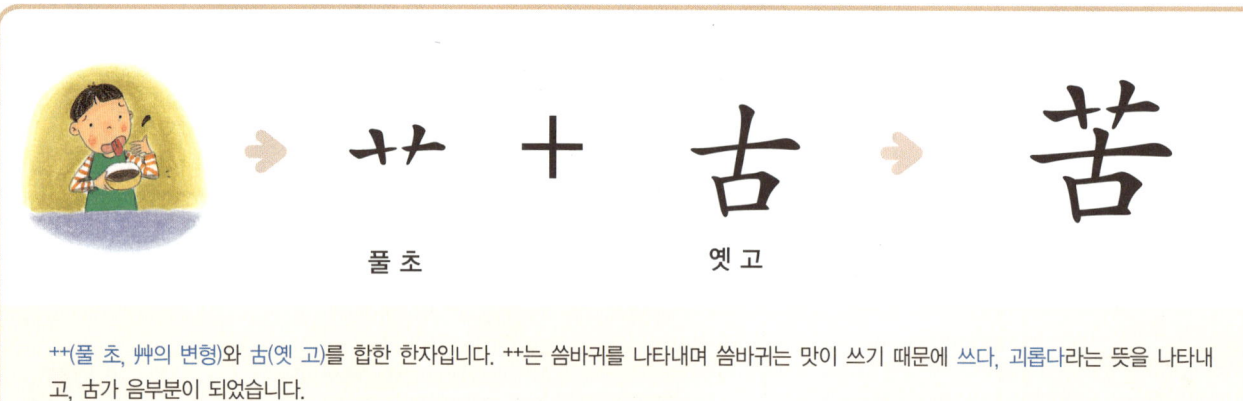

++ + 古 → 苦

풀 초   옛 고

++(풀 초, 艸의 변형)와 古(옛 고)를 합한 한자입니다. ++는 씀바귀를 나타내며 씀바귀는 맛이 쓰기 때문에 쓰다, 괴롭다라는 뜻을 나타내고, 古가 음부분이 되었습니다.

📖 빈 칸에 알맞게 쓰세요.

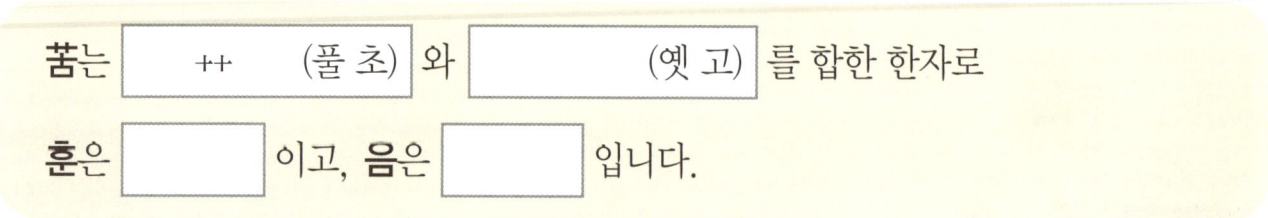

苦는 [++ (풀 초)] 와 [(옛 고)] 를 합한 한자로
훈은 [   ] 이고, 음은 [   ] 입니다.

확인하기 艸 : 풀 초   古 : 옛 고(C3-11)   • 苦는 풀(++)이 오래되니(古) 입에 쓰다고 이해하면 기억하기 쉽습니다.

🔍 苦의 부수와 총획수를 알아보고 빈 칸에 알맞게 쓰세요.

苦 쓸 고

부수 - 艹   총획 - 9획

▶ 艹는 '풀 초' 입니다.
▶ 艹는 한자의 윗부분에 쓰여 '초두머리'로 읽습니다.

· 苦의 **훈**은 [　　] 이고, **음**은 [　　] 입니다.
· 苦의 **부수**는 [　　] 이고, **총획**은 [　　] 입니다.

✏️ 苦의 필순을 알아보고 알맞게 쓰세요.

ㅣ 艹 艹 艹 苎 苎 芐 苦 苦

苦 苦 苦 苦

확인하기 • 艹는 艸가 부수로 쓰여 모양이 변한 것입니다. 艹의 필순은 다른 순서로 쓰기도 합니다.

📖 樂의 훈과 음을 읽어 보세요.

훈 : 즐길/풍류/좋아할   음 : 락/악/요

🔍 樂이 만들어진 유래를 알아보세요.

거문고 줄과 공명통이 있는 나무의 모습을 본떠 만든 한자입니다. 본래 악기라는 뜻을 나타내다가 악기를 연주하면 즐겁고 흥겹다는 데서 즐겁다, 풍류, 음악, 좋아하다라는 뜻을 나타내게 된 한자입니다.

✋ 빈 칸에 알맞게 쓰세요.

樂은 거문고 줄과 공명통이 있는 나무의 모습을 본뜬 한자로

훈은 ☐ 이고, 음은 ☐ 입니다.

확인하기
- 樂의 幺는 거문고의 줄을, 白은 거문고를 연주하기 위해 손에 끼는 골무를, 木은 공명통(共鳴筒)이 있는 나무를 나타냅니다.
- 樂은 즐겁다는 뜻일 때는 락, 음악이나 풍류라는 뜻일 때는 악, 좋아하다라는 뜻일 때는 요라고 읽습니다.

🔍 樂의 부수와 총획수를 알아보고 빈 칸에 알맞게 쓰세요.

樂
즐길/풍류/좋아할 락/악/요

부수 - 木   총획 - 15획

▶ 木은 '나무 목' 입니다.

· 樂의 **훈**은 ☐ 이고, **음**은 ☐ 입니다.
· 樂의 **부수**는 ☐ 이고, **총획**은 ☐ 입니다.

✍ 樂의 필순을 알아보고 알맞게 쓰세요.

丿 ｲ ｲ 白 白 白 绐 绐 绐 絶 樂 樂 樂

樂 樂 樂 樂

乐 乐 乐 乐

확인하기 · 乐은 樂의 간체자입니다. 간체자(簡體字)는 중국에서는 필획이 많고 복잡한 본래의 정자체를 줄여서 간단히 만든 한자를 말합니다. 곧 중국에서는 樂을 乐으로 표기합니다.

기탄한자 G4-216b

朝의 훈과 음을 읽어 보세요.

훈:아침 음:조

朝가 만들어진 유래를 알아보세요.

艹(풀 초)와 日(날/해 일)과 月(달 월)을 합한 한자입니다. 무성한 풀숲(艹)에 해(日)가 떠오르나 나뭇가지에 아직 달(月)이 걸려 있는 모습에서 아침, 조정, 왕조라는 뜻을 나타내게 된 한자입니다.

빈 칸에 알맞게 쓰세요.

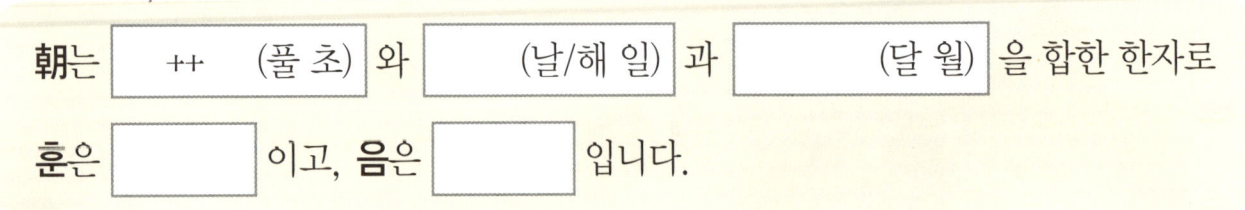

艹 : 풀 초(B4-13)   日 : 날/해 일(A1-1)   月 : 달 월(A1-2)

🌙 朝의 부수와 총획수를 알아보고 빈 칸에 알맞게 쓰세요.

朝
아침 조

부수 – 月　　총획 – 12획

▶ 月은 '달 월' 입니다.

· 朝의 **훈**은 [　　] 이고, **음**은 [　　] 입니다.

· 朝의 **부수**는 [　　] 이고, **총획**은 [　　] 입니다.

✏️ 朝의 필순을 알아보고 알맞게 쓰세요.

一 十 ㄥ 吉 ㅎ 古 直 卓 훽 朝 朝 朝

확인하기 · 艹가 日의 위와 아래에 나누어져 있으므로 해가 풀숲에서 떠오르고 있는 모습을 나타낸 것입니다.

기탄한자 **G4-217b**

술술술 漢字동화

동화를 읽고 보기 에서 알맞은 한자나 음을 찾아 쓰세요.

선행과 쾌락 2

네 번째 무리는 갖은 구실을 붙여 섬에 더 머무르려고 했습니다.

그러다 배가 정말로 떠나려하자 허둥지둥 헤엄쳐 높은 ☐ 배에 기어오르느라 바위나 모서리에 부딪혀 상처를 입었습니다. 이 상처로 그들은 여행이 끝날 때까지 苦生 ☐ ☐ 했습니다.

다섯 번째 무리는 섬의 아름다움에 취해 헤어나지 못했습니다.

다음 날 아침 ☐ 배가 떠날 때 울리는 고동 소리를 듣지 못했던 거지요.

이들은 결국 섬에서 평생 빠져나오지 못했답니다.

이 이야기는 우리에게 어떤 교훈을 줄까요?

보기   소중   고생   朝   樂   高

여기서 배는 인생의 착한 행동을 뜻하고, 섬은 **즐거움**▢을 뜻합니다.

첫 번째 무리는 인생에서 즐거움을 조금도 맛보려 하지 않는 어리석은 사람을 뜻합니다.

두 번째 무리는 조금 즐거움에 잠겼지만 목적을 잃지 않는 가장 현명한 사람들이지요.

세 번째 무리는 당황해 서두르느라 고생을 조금 해야 했습니다.

네 번째 무리는 쾌락에 빠지긴 했지만 벗어날 수는 있었지요.

그러나 때를 놓쳐 상처에 고통받아야 했습니다.

다섯 번째 무리는 일생을 쾌락에 빠져 허영과 사치를 부리며 사는 사람들을 뜻합니다.

결국 인생의 목적을 까맣게 잊어버리게 되는 사람들이지요.

이렇게 쾌락은 잠깐 즐기기엔 좋은 것이나 그 속에 빠지게 되면
所重▢▢한 일생을 그르치게 만들 수 있는 것이랍니다.

확인하기 所 : 곳/바 소(D1-2)   重 : 무거울 중(G1-2)   生 : 날 생(B1-3)

빈 칸에 알맞게 쓰고 高로 이루어지는 한자어를 알아보세요.

1.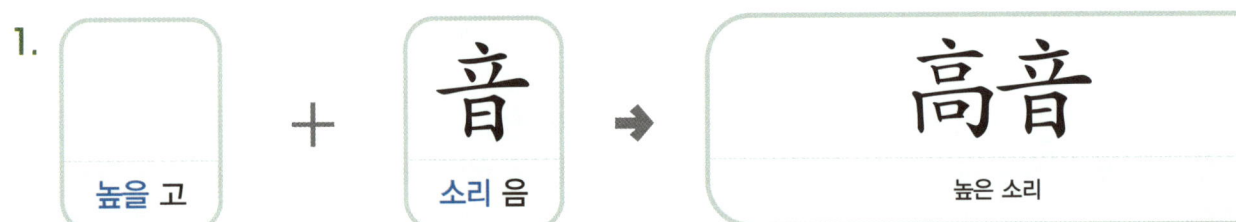

세기의 대 지휘자가 그녀의 **高音**(　　　)을 신이 내린 천상의 목소리라고 극찬하였다.

2.

이번 감기의 증상은 **高溫**(　　　)과 오한이 반복되면서 기침이 심하다. 전문의들은 피로가 쌓이지 않도록 컨디션을 조절할 것과 외출 후에는 반드시 손을 씻을 것 등을 권장하고 있다.

3.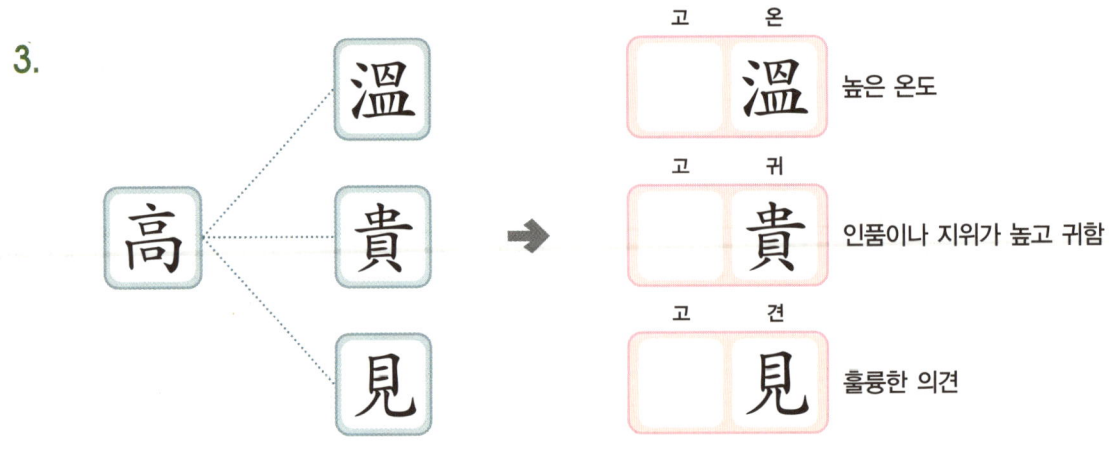

音 : 소리 음(D1-1)　　溫 : 따뜻할 온(G3-10)　　貴 : 귀할 귀(G3-11)　　見 : 볼/뵈올 견/현(D4-14)

빈 칸에 알맞게 쓰고 低로 이루어지는 한자어를 알아보세요.

1.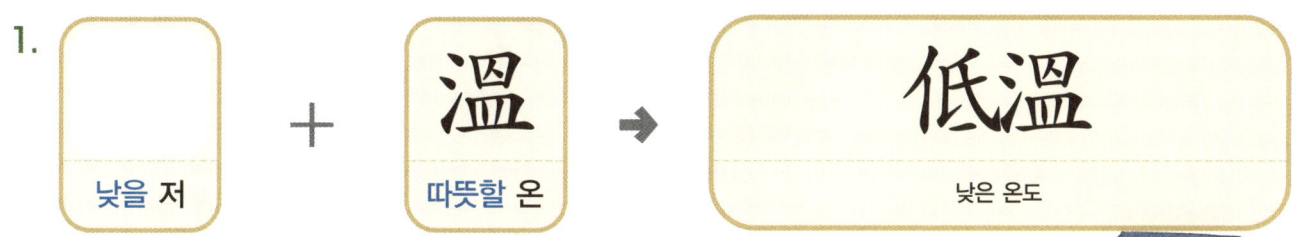

   우리 나라는 화훼 산업이 발달하여 자동화 시설을 갖추어 꽃을 가꾸고, **低溫**( ) 저장고에 보관해 두었다가 외국에 수출도 합니다.

2.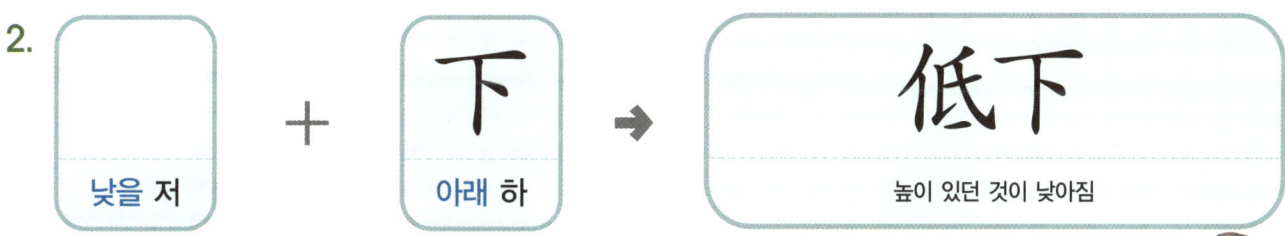

   약물은 의사의 처방에 따라 바르게 사용하여야 하며, 함부로 사용할 경우 뇌 손상, 간손상, 신장 기능 **低下**( )를 가져옵니다.

3.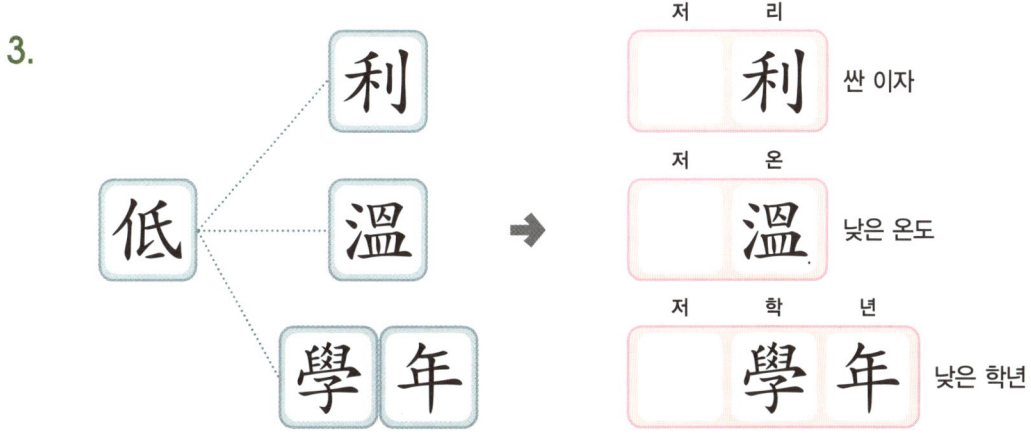

확인하기 溫 : 따뜻할 온(G3-10)　　下 : 아래 하(A4-15)　　利 : 이로울 리(D1-3)　　學 : 배울 학(G4-15)　　年 : 해 년(E2-7)

苦로 漢字語 만들기

빈 칸에 알맞게 쓰고 苦로 이루어지는 한자어를 알아보세요.

1.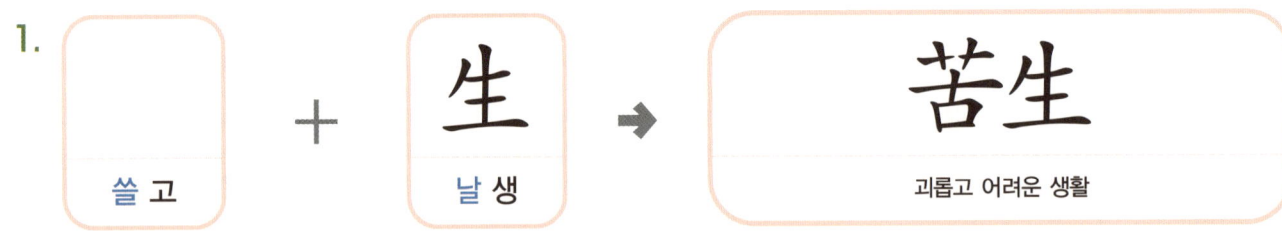

그는 오랜 **苦生**(　　　) 끝에 마침내 대동여지도를 완성하였다. 대동여지도의 목판을 종이에 찍어 이으면 그 높이가 이층 건물보다 높다고 한다.

2.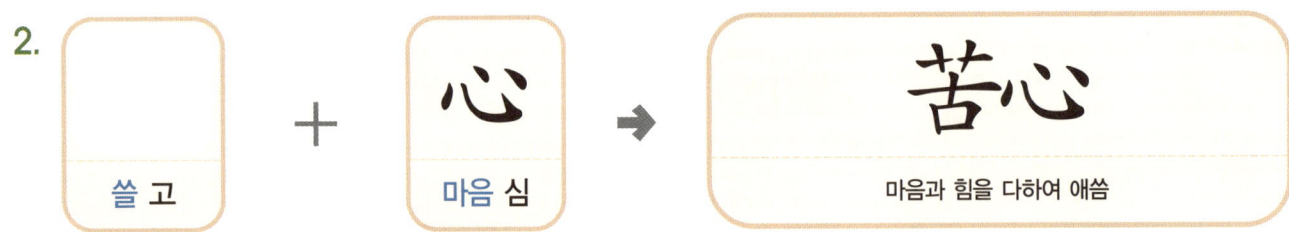

지구 온난화로 극지방의 빙하가 녹아 바다의 수면이 높아지고 있다. 실제로 남태평양의 일부 섬나라들은 국토가 점점 물에 잠기고 있어 대책 마련에 **苦心**(　　　)하고 있다.

3.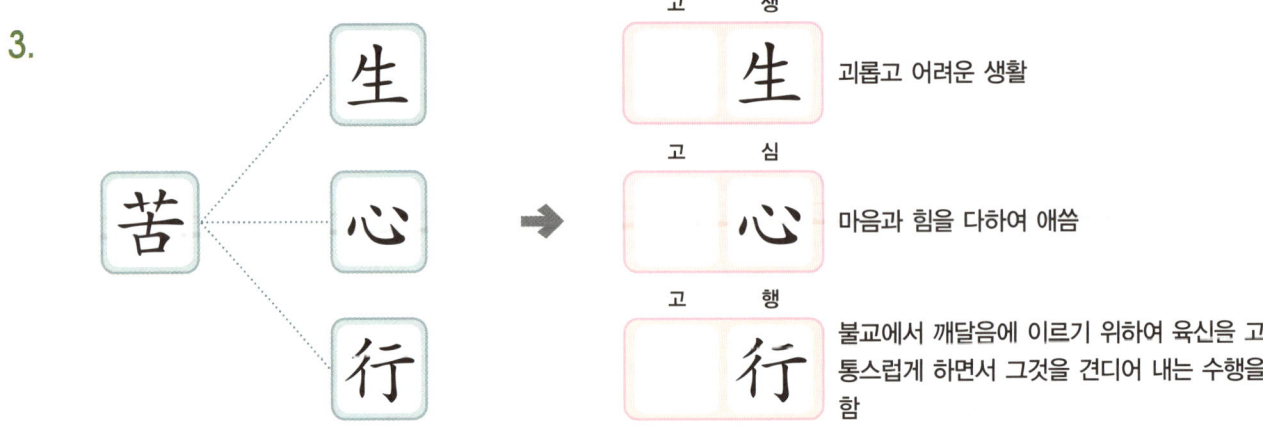

확인하기　生 : 날 생(B1-3)　心 : 마음 심(B1-3)　行 : 다닐/항렬 행/항(C2-7)　• 苦生에서 苦는 '괴롭다'라는 뜻입니다.

樂으로 漢字語 만들기

빈 칸에 알맞게 쓰고 樂으로 이루어지는 한자어를 알아보세요.

1.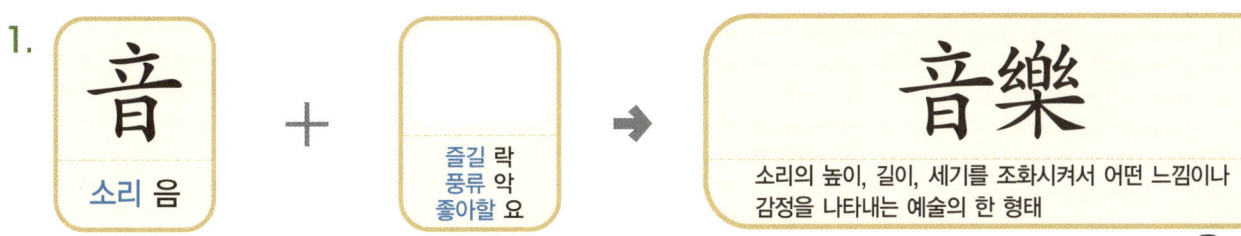

音 + [즐길 락/풍류 악/좋아할 요] → 音樂 : 소리의 높이, 길이, 세기를 조화시켜서 어떤 느낌이나 감정을 나타내는 예술의 한 형태

아버지께서는 스포츠나 보도 방송을 즐겨 보십니다. 엄마는 드라마를 좋아하시고, 오빠는 **音樂**(　　　) 방송을 주로 시청합니다.

2.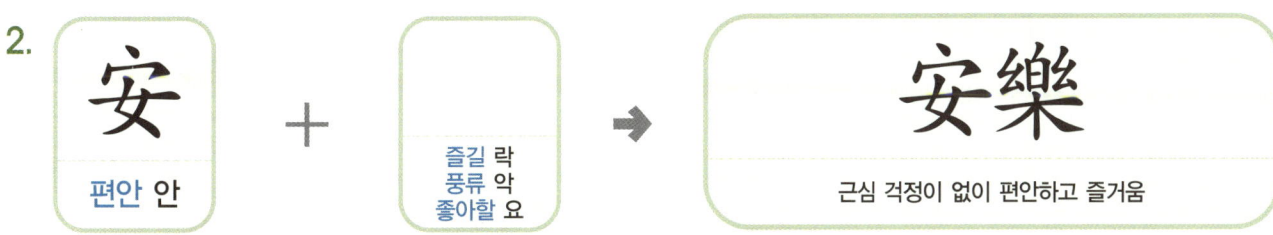

安 + [즐길 락/풍류 악/좋아할 요] → 安樂 : 근심 걱정이 없이 편안하고 즐거움

중국 사람들은 우리 민족의 성품을 '예절이 바르고 두터우며, 늘 크고 올바른 뜻을 따르기 때문에 백성들이 **安樂**(　　　)하게 생활하고 있다'고 평가하였습니다.

3.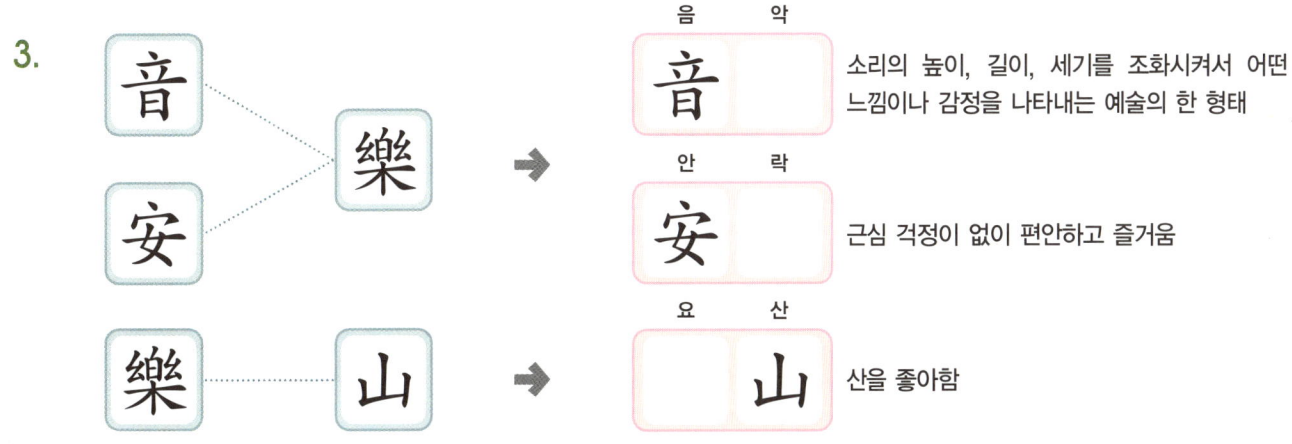

音 — 樂 → 音[樂] (음악) 소리의 높이, 길이, 세기를 조화시켜서 어떤 느낌이나 감정을 나타내는 예술의 한 형태

安 — 樂 → 安[樂] (안락) 근심 걱정이 없이 편안하고 즐거움

樂 — 山 → [樂]山 (요산) 산을 좋아함

확인하기 音 : 소리 음(D1-1)   安 : 편안 안(F1-2)   山 : 산/뫼 산(A1-1)

朝로 漢字語 만들기

빈 칸에 알맞게 쓰고 朝로 이루어지는 한자어를 알아보세요.

1. 王(임금 왕) + ☐(아침 조) → 王朝
   같은 왕가에서 차례로 왕위에 오르는 왕들의 계열. 또는 그 왕가가 다스리는 동안

   조상들이 발전시켜 온 문화를 사랑하는 한 사진작가의 노력에 의해 다시금 지나간 조선 王朝(   )의 향기를 느낄 수 있었다.

2. ☐(아침 조) + 夕(저녁 석) → 朝夕
   아침과 저녁

   그렇게 뜨겁던 여름도 시간의 흐름 앞에선 어쩔 수 없나 보다. 이제 제법 朝夕(   )으로 서늘한 바람이 불기 시작하였다.

3. 朝 — 夕, 會 ; 王 — 朝

   조 석 → ☐夕 아침과 저녁

   조 회 → ☐會 주로 학교에서 담임 선생님과 학생들이 수업하기 전에 모여서 나누는 아침 인사

   왕 조 → 王☐ 같은 왕가에서 차례로 왕위에 오르는 왕들의 계열. 또는 그 왕가가 다스리는 동안

확인하기 王 : 임금 왕(B2-7)   夕 : 저녁 석(B4-14)   會 : 모일 회(G2-7)

新聞으로 배우는 漢字

🖉 신문 기사를 읽고 물음에 답하세요.

나도 新聞을 읽을 수 있어요! 제14호

[중소기업 그곳에도 길이 있다]
⟨4⟩전통기업은 이런 인재 원한다

《가정용 저장용기 제조업체인 R사는 신입사원이 들어오면 일주일 동안 허드렛일을 시킨다. 새로 뽑은 사원이 '궂은 일'을 묵묵히 견뎌낼 수 있는지 시험하기 위해서다. 이 회사 인사교육팀장은 "중소기업은 아무래도 급여나 복지 수준이 대기업에 못 미칠 수밖에 없다"며 "대접만 바라고 들어온 신입사원은 테스트 기간에 대체로 ㉠會社를 떠난다"고 말했다. 학벌이 좋고 외국어 등 특정 분야의 ㉡能力이 뛰어난데도 중소기업 취업에 성공한 경험이 있다면 자신이 '중소기업 인재상'에 맞는지 곰곰이 따져볼 필요가 있다. 중소기업이 원하는 인재는 실력과 학벌, 전문성을 우선시하는 기업과 적지 않은 차이가 있기 때문이다.》

▽㉢苦樂을 함께해야=중소기업 인사담당자들은 종종 학력이 좋고 능력이 뛰어난 고급 인재들을 스스로 거부할 때가 있다고 토로한다. 일시적으로 경영이 어려워졌을 때 고급 ㉣人材들이 퇴사하거나, 고액의 연봉을 제시하는 업체로 옮겨가는 것을 경험한 적이 많기 때문이다. 중소기업이 채용 때 애사심을 중시하는 것은 이런 맥락에서다.

전자기기 및 통신기기 제조업체 W사는 '중소기업을 이해하고 중소기업에서 일할 수 있는 마음의 자세를 갖춘 사람'을 첫 번째 인재상으로 꼽고 있다.

화학섬유 제조업체 J사 인사담당자는 "중소기업의 현실을 인정하고 고락을 함께할 수 있으며, 급여보다 일의 가치에 매력을 느끼는 인재를 선호한다."고 말했다.

▽멀티플레이어가 돼라=중소기업은 채용 후 6개월에서 1년 간 실무교육을 받는 대기업과 달리 당장 실무에 투입돼 업무를 소화해야 한다. 이 때문에 업무와 관련된 다양한 경험을 쌓은 사람을 우선 채용한다. 학창시절 관련 분야 아르바이트 경험이 있거나 인턴 등을 통해 실무경험을 쌓았다면 채용 때 유리하다. 외장재, 바닥재 등 건축자재를 생산하고 있는 C사 인사담당자는 "학교성적은 좋지 않더라도 아르바이트나 인턴십 등 다양한 사회경험을 쌓은 경우 채용 때 가산점을 주고 있다"고 말했다.

[동아일보] 2004-10-20

1. ㉠, ㉡, ㉢, ㉣의 음을 쓰세요.

漢字語 다지기

高低苦樂朝

▶ 빈 칸에 알맞은 음을 쓰고 필순에 맞게 한자를 쓰세요.

단어	한자 쓰기
高音 1. 고음	高
低溫 2.	低
苦生 3.	苦
音樂 4.	樂 　乐
朝夕 5.	朝

빈 칸에 공통적으로 들어갈 한자를 쓰세요.

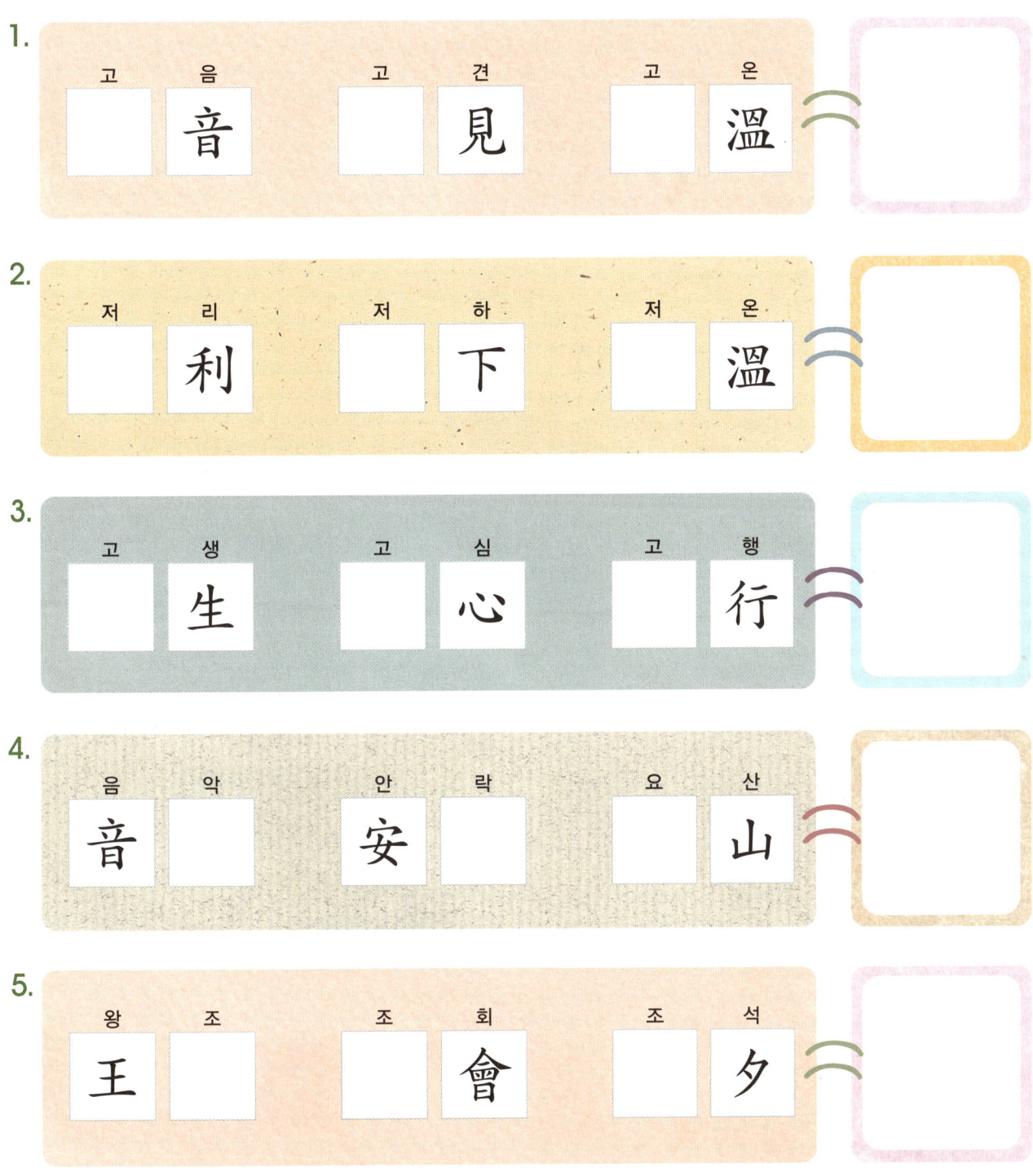

풀어보기

1. 서로 관련 있는 것끼리 선으로 이으세요.

低	즐길/풍류/좋아할	조
高	아침	저
樂	낮을	고
苦	높을	고
朝	쓸	락/악/요

2. 다음 빈 칸에 알맞은 한자를 쓰세요.

왕 조 — 王 □
음 악 — 音 □
저 온 — □ 溫
고 생 — □ 生

3. 다음 빈 칸에 공통적으로 들어갈 한자를 쓰세요.

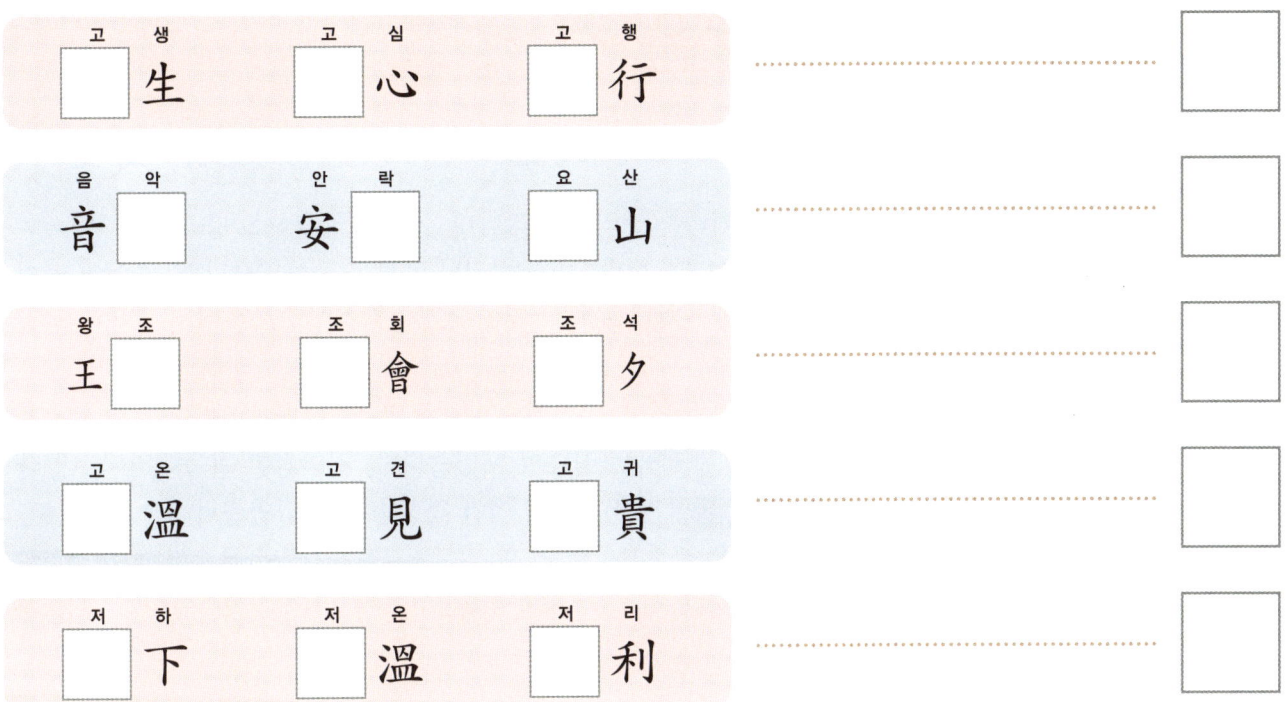

4. 다음 보기 에서 알맞은 한자어를 찾아 쓰세요.

> 보기 高見   低下   苦生   音樂   王朝

- 공부를 꾸준히 하지 않으면 실력이 ☐☐(저하) 되기 쉽습니다.
- 클래식 ☐☐(음악)을 많이 들으면 머리가 좋아진다고 합니다.
- 선생님의 ☐☐(고견)을 듣고 싶습니다.
- 조선 ☐☐(왕조)의 유물이 전시되어 있었습니다.
- 젊어서 ☐☐(고생)은 사서도 한다고 합니다.

용의 수염을 닮은 것

"아함, 잘 잤다. 슬슬 움직여 볼까?"
뭉실뭉실 피어오른 구름 사이로 중얼거리는 소리가 들리더니, 무언가 꿈틀하고 움직였습니다. 사슴의 뿔처럼 생긴 뿔 두 개가 살짝 보였습니다. 뱀처럼 기다란 몸통도 보였습니다. 곧이어 매처럼 날카로운 발톱이 달린 다리가 길게 기지개를 켜는 것이 보였습니다. 바로 용이 구름에서 낮잠을 자고 있었던 것입니다.
용은 구름에 누워 잠시 아래를 둘러보았습니다. 복슬복슬 귀여운 토끼와 양들이 뛰어 노는 모습은 참 사랑스러웠습니다. 그런데 참 우스꽝스러운 짐승이 보였습니다. 펑퍼짐한 몸뚱아리에, 네 다리는 짧고 뭉툭했습니다. 게다가 연신 꿀꿀거리며 먹는 데만 정신을 팔고 있었습니다.
'참 우습게도 생겼네. 저 엉덩이에 붙은 꼬불꼬불한 건 또 뭐야? 꼬린가? 정말 우습다. 하하하.'
꿀꿀거리던 그 짐승은 바로 돼지였습니다. 돼지는 용의 웃음소리를 들었는지 처박았던 고개를 홱 들었습니다.

"앗!"
돼지와 얼굴이 마주친 용은 너무 놀라 하마터면 구름 위에서 떨어질 뻔했습니다. 우스꽝스럽고 볼품없이 생긴 돼지의 코가 자기 코하고 똑같았던 것입니다. 그 뒤로 용은 고민에 빠졌습니다. 잘 생기기로 소문난 용이 돼지코라니요.
그러다가 용은 좋은 생각을 해냈습니다. '코 밑에다 멋진 수염을 달면, 돼지코에 몰리는 관심이 수염으로 쏠리겠지?'
용은 세상에서 가장 멋진 수염을 달았습니다. 할아버지 수염처럼 축 늘어진 수염이 아니라, 주욱 잡아당겨도 다시 제자리로 돌아오는 탱탱한 수염 말입니다.
그런데 여러분은 이건 몰랐을 겁니다. 볼펜심에 들어 있는 통통 튀는 물건을 '용수철'이라고 하지요? 이 '용수철(龍鬚鐵)'이라는 이름은 '용의 수염을 닮은 쇠'라고 해서 붙여진 이름입니다. 용수철의 탄력성은 용의 수염만큼이나 뛰어난가 봅니다.

龍 : 용 룡   鬚 : 수염 수   鐵 : 쇠 철

高
높을 고

低
낮을 저

苦
쓸 고

樂
즐길/풍류/좋아할 락/악/요

朝
아침 조

高 低 苦 樂 朝

높을 고　낮을 저　쓸 고　즐길　락　아침 조
　　　　　　　　　　　　풍류　악
　　　　　　　　　　　　좋아할　요

低	高
樂	苦
高低苦樂朝	朝

G단계 14호 해답

209a 1. 물건 물, 필 발, 번개 전, 글 서

2.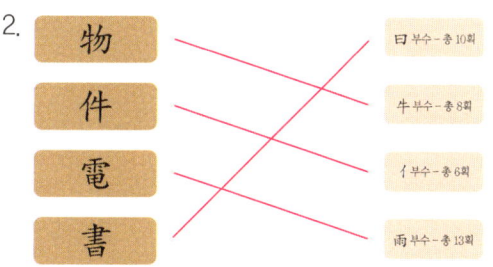

209b 3. 古物, 電力, 出發, 物件   4. 문서, 기능, 필요
210a 고음, 저하
210b 고생, 음악
211a 왕조
212a 높을, 고
212b 높을, 고, 高, 10획
213a 亻, 낮을, 저
213b 낮을, 저, 亻, 7획
215a 古, 쓸, 고
215b 쓸, 고, ⺿, 9획
216a 즐길/풍류/좋아할, 락/악/요
216b 즐길/풍류/좋아할, 락/악/요, 木, 15획
217a 日, 月, 아침, 조
217b 아침, 조, 月, 12획
218a 高, 고생, 朝
218b 樂, 소중
219a 1. 高, 고음   2. 高, 고온   3. 高, 高, 高
219b 1. 低, 저온   2. 低, 저하   3. 低, 低, 低
220a 1. 苦, 고생   2. 苦, 고심   3. 苦, 苦, 苦
220b 1. 樂, 음악   2. 樂, 안락   3. 樂, 樂, 樂
221a 1. 朝, 왕조   2. 朝, 조석   3. 朝, 朝, 朝
221b 1. ㉠ - 회사, ㉡ - 능력, ㉢ - 고락, ㉣ - 인재

222a 1. 고음   2. 저온   3. 고생   4. 음악   5. 조석
222b 1. 高   2. 低   3. 苦   4. 樂   5. 朝
223a 1.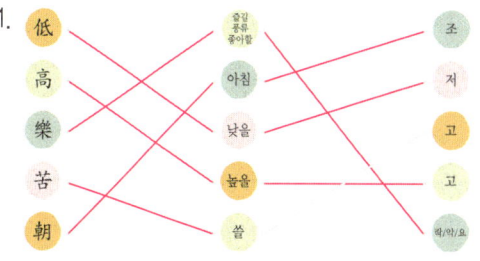

2. 朝, 樂, 低, 苦
223b 3. 苦, 樂, 朝, 高, 低
4. 低下, 音樂, 高見, 王朝, 苦生

형성평가

1. ③   2. ②   3. 高, 높을 고
4. 苦   5. 음악   6. 고생
7. 朝   8. 苦   9. 樂
10. 고귀 — 王 — 樂
11. 음악 — 高 — 朝
12. 왕조 — 音 — 貴
13. 苦生
14. 低下
15. 安樂
16. ①
17. ①
18. ③
19. 高貴
20. 苦行

펴낸이 : 정지향
펴낸곳 : (주)기탄교육
기획·편집·디자인 : 기탄교육연구소
주소 : 06698 서울특별시 서초구 효령로 42 기탄출판문화센터
등록 : 제22-1740호
전화 : (02)586-1007
팩스 : (02)586-2337

※서점에 갈 시간이 없거나 구하기 어려운 분은 인터넷 또는 전화로 신청하세요. 즉시 우송해 드립니다.
● www.gitan.co.kr

ⓒ 2005 (주)기탄교육 All rights reserved.
저작권자의 동의 없이 본 교재를 무단으로 복제하거나 전재하는 것을 금합니다.

G단계에서 배운 한자들

高 높을 고
低 낮을 저
苦 쓸 고
樂 즐길/풍류/좋아할 락/악/요
朝 아침 조

貴 귀할 귀	愛 사랑 애	病 병 병	死 죽을 사	敬 공경 경	物 물건 물	件 물건 건	發 필 발	電 번개 전	書 글 서
問 물을 문	答 대답할 답	登 오를 등	場 마당 장	省 살필/덜 성/생	春 봄 춘	夏 여름 하	秋 가을 추	冬 겨울 동	溫 따뜻할 온
現 나타날 현	在 있을 재	協 도울 협	商 장사 상	事 일 사	社 모일 사	會 모일 회	技 재주 기	能 능할 능	部 거느릴/떼 부
夜 밤 야	景 볕 경	成 이룰 성	功 공 공	者 사람 자	時 때 시	間 사이 간	空 빌 공	氣 기운 기	集 모일 집
果 열매 과	實 열매 실	夫 남편 부	婦 아내 부	美 아름다울 미	重 무거울 중	要 요긴할 요	活 살 활	動 움직일 동	得 얻을 득

받아쓰기

♥ 엄마가 한자나 한자어를 부르고 아이가 받아쓰도록 합니다.

15호

기탄교과서한자 G단계 4집 225a~240a

G4집
193a-256a

G4집
15호
225a-240a

초등 교과서 한자어를 총체 분석한 어휘력 향상 한자 학습 프로그램

기탄 교과서 한자

공부한 날   월   일 ~ 월   일
　　　　　　　　　교　　 반
이름　　　　　전화

www.gitan.co.kr

기초부터 탄탄하게
기탄교육

G단계 학습 한자 일람

	G단계						
1집	果,實,夫,婦,美 重,要,活,動,得 夜,景,成,功,者 복습		2집	時,間,空,氣,集 現,在,協,商,事 社,會,技,能,部 복습	3집	問,答,登,場,省 春,夏,秋,冬,溫 貴,愛,病,死,敬 복습	4집	物,件,發,電,書 高,低,苦,樂,朝 眞,理,學,習,賞 복습

학습 진단 관리표

	한자		한자어		이번 주는
	읽기	쓰기	읽기	쓰기	
금주평가	Ⓐ아주 잘함 Ⓑ잘함 Ⓒ보통 Ⓓ노력해야 함	Ⓐ아주 잘함 Ⓑ잘함 Ⓒ보통 Ⓓ노력해야 함	Ⓐ아주 잘함 Ⓑ잘함 Ⓒ보통 Ⓓ노력해야 함	Ⓐ아주 잘함 Ⓑ잘함 Ⓒ보통 Ⓓ노력해야 함	● 학습방법 ❶매일매일 ❷가끔 ❸한꺼번에 하였습니다. ● 학습태도 ❶스스로 잘 ❷시켜서 억지로 하였습니다. ● 학습흥미 ❶재미있게 ❷싫증내며 하였습니다. ● 교재내용 ❶적합하다고 ❷어렵다고 ❸쉽다고 하였습니다.
	지도 교사가 부모님께				부모님이 지도 교사께

종합평가   Ⓐ아주 잘함   Ⓑ잘함   Ⓒ보통   Ⓓ노력해야 함

225a-240a

1일차 225a~227b
- 다시보기를 통하여 앞서 배운 한자 高, 低, 苦, 樂, 朝의 훈, 음, 형, 한자어를 복습합니다.
- 이번 주 학습 한자인 眞, 理, 學, 習, 賞의 용례를 문장 속에서 찾아봅니다.
- 인물 이야기 '녹두장군 전봉준'을 읽고 학습 한자를 알아봅니다.

2일차 228a~230b
- 알아보기를 통하여 眞, 理의 3요소와 필순, 부수를 학습합니다.
- 眞, 理의 자원을 이해하고 眞의 간체자를 익힙니다.
- 만화로 고사성어 守株待兎의 뜻과 쓰임을 알아보고 적절한 때 사용할 수 있습니다.

3일차 231a~234b
- 알아보기를 통하여 學, 習, 賞의 3요소와 필순, 부수를 학습합니다.
- 學, 習, 賞의 자원을 이해하고 學, 習, 賞의 간체자를 익혀 봅니다.
- 동화 '아가씨와 우유'를 읽고 학습한 한자를 동화 속에서 활용해 학습합니다.

4일차 235a~237b
- 眞, 理, 學, 習, 賞을 다른 한자와 결합하여 한자어를 익힙니다.
- 알고 있는 한자와 결합하여 스스로 造語(조어) 원리를 깨달을 수 있습니다.
- 신문 기사를 읽고 기사문 속에 한자의 3요소를 적용하여 학습합니다.

5일차 238a~240a
- 이번 주에 학습한 한자, 한자어 학습을 마무리합니다.
- 풀어보기를 통해 학습 한자를 정리하고 '용기와 마음'을 읽어 봅니다.
- 형성평가를 풀이하여 한 주 학습의 성취도를 스스로 진단합니다.

1. 다음 빈 칸에 알맞은 훈음을 쓰세요.

高 훈:_____ 음:_____

低 훈:_____ 음:_____

樂 훈:_____ 음:_____

朝 훈:_____ 음:_____

2. 서로 관련 있는 것끼리 선으로 이으세요.

高　·　　　·　亻 부수 - 총 7획

朝　·　　　·　高 부수 - 총 10획

苦　·　　　·　艹 부수 - 총 9획

低　·　　　·　月 부수 - 총 12획

3. 다음 보기 에서 알맞은 한자어를 찾아 쓰세요.

| 보기 | 苦行 | 低溫 | 高貴 | 音樂 |

인품이나 지위가 높고 귀함 ☐☐

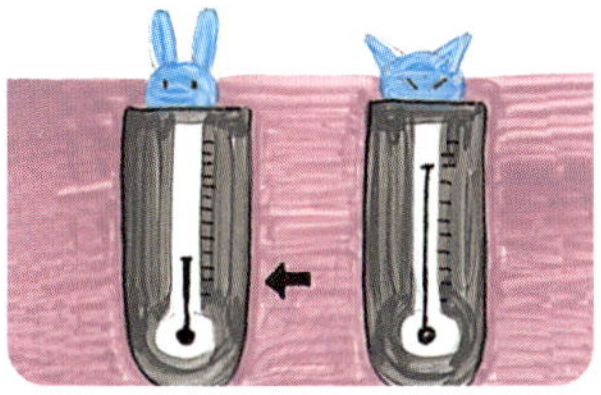

낮은 온도 ☐☐

불교에서, 깨달음에 이르기 위하여 육신을 고통스럽게 하면서 그것을 견디어 내는 수행을 함 ☐☐

소리의 높이, 길이, 세기를 조화시켜서 어떤 느낌이나 감정을 나타내는 예술의 한 형태 ☐☐

4. 다음 보기 에서 알맞은 음을 찾아 쓰세요.

| 보기 | 왕조 | 조상 | 작가 |

祖上 ☐☐ 들이 발전시켜 온 문화를 사랑하는 한 사진 作家 ☐☐ 의 노력에 의해 다시금 지나간 조선 王朝 ☐☐ 의 향기를 느낄 수 있는 전시회가 열렸습니다. 우리도 주변에 있는 우리 문화 유산에 대해 좀더 많은 관심과 애정을 가져야 하겠습니다.

眞, 理가 쓰인 문장을 읽고 빈 칸에 한자어의 음을 쓰세요.

두 친구가 우정을 다짐하며 산길을 걷고 있었습니다.
"우리 어려울 때에는 서로 돕기로 하세."
"자네가 날 **眞情(진정)**으로 아껴주니 항상 고마운 마음이네."

"음……. **一理(일리)**가 있는 얘기야. 나도 한번 해 볼까?" 배서방은 김서방의 얘기에 마음이 바뀐 듯했습니다.

확인하기 情 : 뜻 정(F4-14)   一 : 하나 일(A2-5)

學習 찾아보기

學, 習이 쓰인 문장을 읽고 빈 칸에 한자어의 음을 쓰세요.

선생님께서는 **學生(학생)**들에게 '시간은 생명이다.' 라는 말씀을 해 주셨습니다.

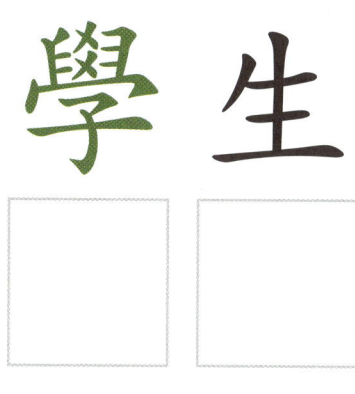

우리는 현장 **學習(학습)** 시간에 학교 부근에 있는 시장을 찾아갔다. 시장에서는 많은 사람들이 바쁘게 움직이고 있었다.

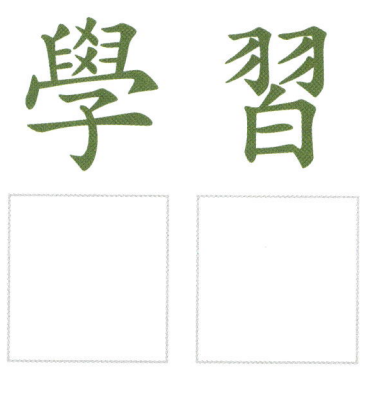

확인하기 生 : 날 생(B1-3)

📖 賞이 쓰인 문장을 읽고 빈 칸에 한자어의 음을 쓰세요.

친구들 앞에서 선생님께 **賞品(상품)**을 받는 이 기분!

賞 品
☐ ☐

📖 眞, 理, 學, 習, 賞이 쓰인 한자어의 음을 읽어 보세요.

眞情 — 진정   一理 — 일리   學生 — 학생

學習 — 학습   賞品 — 상품

확인하기 品 : 물건 품(E1-1)   情 : 뜻 정(F4-14)   一 : 하나 일(A2-5)   生 : 날 생(B1-3)

🌑 인물 이야기를 통해 眞, 理, 學, 習의 훈음을 알아보세요.

녹두 장군 전봉준

동학(學) 농민 운동은 부패한 탐관오리에 저항하여 일어난 민중 운동입니다. 전봉준은 이 운동을 이끈 지도자로 '녹두장군'이라는 별명을 가지고 있었습니다.
어릴 적 유난히 키가 작고 강단 있는 성품을 가진 그를 사람들이 녹두라고 부른 것이지요.
전봉준의 어릴 적 일화입니다.

어린 시절 그는 가난한 아이들이 다니는 서당에서 공부했습니다. 비록 농사를 돕는 고된 나날이었지만 그는 참된 진리(眞理)를 배우고(學) 익히는(習) 일을 게을리하지 않았습니다. 그러던 어느 날 훈장님이 찢어진 책을 들고 와 호통을 쳤습니다.
"누가 이 귀한 책을 찢었느냐! 오늘 이 책을 찢은 사람이 나올 때까지 아무도 집에 갈 수 없느니라!"
그러나 누구 한 명 나서지 않았습니다. 이 때 전봉준이 앞으로 나섰습니다.
"제가 실수로 그랬습니다."
훈장님은 노발대발하여 종아리를 내리쳤습니다. 며칠 뒤 훈장님이 다가와 전봉준의 어깨를 잡았습니다.
"미안하구나! 내 손자가 책을 찢은 걸 모르고 널 야단쳤구나. 왜 진(眞)실을 말하지 않았느냐?"
"다른 친구들은 모두 농사꾼의 자식입니다. 그 날 공부를 못하고 밤을 새웠다면 아이들은 부모님의 일을 돕지 못했을 겁니다." 훈장님은 전봉준의 깊은 생각에 감탄하였습니다.

眞 : 참 진   理 : 다스릴 리   學 : 배울 학   習 : 익힐 습

전봉준 [全琫準, 1854~1895]
조선 후기 동학 농민 운동의 지도자입니다.
일찍이 사회개혁에 뜻을 품고 동학교에 입교하여 활동했습니다. 농민에 대한 과중한 세금을 징수하고 재산을 갈취하는 탐관오리들에 반대해 농민 운동을 주도하였습니다.
그러다 관군에 잡혀 1895년에 사형당했습니다.

📖 眞의 훈과 음을 읽어 보세요.

훈: 참 음: 진

📖 眞이 만들어진 유래를 알아보세요.

匕 + 鼎 → 眞
숟가락 비   솥 정

匕(숟가락 비)와 鼎(솥 정)을 합한 한자입니다. 제사에 바칠 솥(鼎)에 담긴 음식을 한 숟갈(匕) 떠서 맛보는 모습에서 귀신에게 바치는 것은 거짓이 없어야 하므로 참, 진실이라는 뜻을 나타내게 된 한자입니다.

📖 빈 칸에 알맞게 쓰세요.

眞은 匕 (숟가락 비) 와 鼎 (솥 정) 을 합한 한자로
훈은 ☐ 이고, 음은 ☐ 입니다.

확인하기 匕 : 비수/숟가락 비   鼎 : 솥 정
• 고대의 솥은 단순히 그릇으로서의 기능뿐만 아니라 권위의 상징, 제사 의식을 집행하는 중요한 도구를 뜻합니다.   • 眞의 아랫부분은 鼎의 모양이 변한 것입니다.

● 眞의 부수와 총획수를 알아보고 빈 칸에 알맞게 쓰세요.

眞
참 진

부수 - 目   총획 - 10획

▶ 目은 '눈 목'입니다.

· 眞의 훈은 [　　] 이고, 음은 [　　] 입니다.
· 眞의 부수는 [　　] 이고, 총획은 [　　] 입니다.

● 眞의 필순을 알아보고 알맞게 쓰세요.

ㄧ ㄴ ㄏ ㄐ ㅕ 肖 肖 眞 眞 眞

眞 眞 眞 眞

真 真 真 真

확인하기 • 真은 眞의 간체자입니다. 간체자(簡體字)는 중국에서 필획이 많고 복잡한 본래의 정자체를 줄여서 간단히 만든 한자를 말합니다. 곧 중국에서는 眞을 真으로 표기합니다.

기탄한자 G4-228b

📖 理의 훈과 음을 읽어 보세요.

훈: 다스릴 음: 리

🔍 理가 만들어진 유래를 알아보세요.

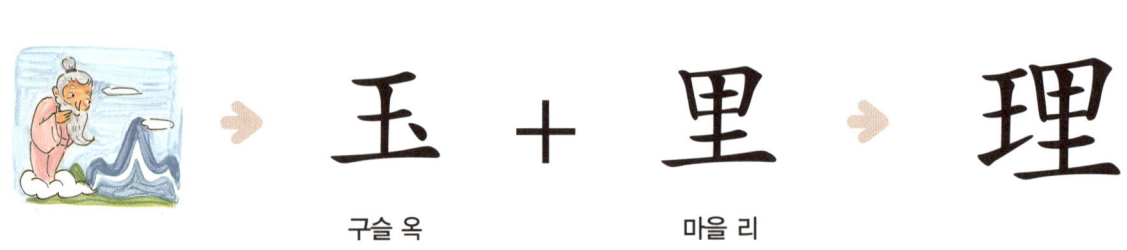

玉 + 里 → 理

구슬 옥   마을 리

> 玉(구슬 옥)과 里(마을 리)를 합한 한자입니다. 옥은 원래 둥근 옥 세 개를 실로 꿰어 놓은 모습인데, 여기서 다스리다, 이치, 도리 등을 뜻하였고, 리가 그대로 음이 되었습니다.

✏️ 빈 칸에 알맞게 쓰세요.

理는 [玉 (구슬 옥)] 과 [(마을 리)] 를 합한 한자로
훈은 [   ] 이고, 음은 [   ] 입니다.

확인하기 玉 : 구슬 옥(A4-13)   里 : 마을 리(B3-11)

🔍 理의 부수와 총획수를 알아보고 빈 칸에 알맞게 쓰세요.

理
다스릴 리

부수 - 玉 총획 - 11획

▶ 玉은 '구슬 옥'입니다.
▶ 玉이 부수로 쓰여 王으로 모양이 변했습니다.

- 理의 **훈**은 ☐ 이고, **음**은 ☐ 입니다.
- 理의 **부수**는 ☐ 이고, **총획**은 ☐ 입니다.

✏️ 理의 필순을 알아보고 알맞게 쓰세요.

[확인하기] • 理의 필순은 ˊ ㅜ ㅜ 王 王 玑 玑 珇 理 理 理 의 순서로 쓰기도 합니다.

守株待兔
수주대토

守 : 지킬 수　　株 : 그루터기 주　　待 : 기다릴 대　　兔 : 토끼 토

달리 변통할 줄을 모르고 어리석게 한 가지만을 고집함을 비유하여 이르는 성어입니다. 중국 송나라의 한 농부가 나무등걸에 걸려 죽은 토끼를 보고 다시 토끼가 걸리기를 마냥 기다렸다는 고사에서 유래되었습니다.

📖 學의 훈과 음을 읽어 보세요.

훈: 배울 음: 학

🔍 學이 만들어진 유래를 알아보세요.

臼 + 爻 + 冖 + 子 → 學

절구 구   수효 효   덮을 멱   아들 자

臼(절구 구)와 爻(수효 효), 冖(덮을 멱), 子(아들 자)를 합한 한자입니다. 양손(臼)으로 새끼(爻)를 잡고 지붕(冖)을 이는 모습에서 배우다라는 뜻을 나타냅니다. 후에 배움을 어려서부터 이루어져야 한다는 데서 子(아들 자)를 더했습니다.

✏️ 빈 칸에 알맞게 쓰세요.

學은 [臼 (절구 구)] 와 [爻 (수효 효)], [冖 (덮을 멱)], [   ] (아들 자) 를 합해 만든 한자로 훈은 [   ] 이고, 음은 [   ] 입니다.

확인하기 臼: 절구 구   爻: 수효 효   冖: 덮을 멱   子: 아들 자(B1-2)   • 學의 자원 해석은 여러 가지 견해가 있습니다.

🔍 學의 부수와 총획수를 알아보고 빈 칸에 알맞게 쓰세요.

學
배울 학

부수 – 子   총획 – 16획

▶ 子는 '아들 자' 입니다.

· 學의 **훈**은 [   ] 이고, **음**은 [   ] 입니다.

· 學의 **부수**는 [   ] 이고, **총획**은 [   ] 입니다.

✏️ 學의 필순을 알아보고 알맞게 쓰세요.

확인하기 · 学은 學의 간체자입니다. 간체자(簡體字)는 중국에서는 필획이 많고 복잡한 본래의 정자체를 줄여서 간단히 만든 한자를 말합니다. 곧 중국에서는 學을 学으로 표기합니다.

📖 習의 훈과 음을 읽어 보세요.

훈:익힐 음:습

🔍 習이 만들어진 유래를 알아보세요.

羽 + 白 ▶ 習

깃 우   흰 백

羽(깃 우)와 白(흰 백)을 합한 한자입니다. 새가 태양(白) 위로 여러 차례 나는 연습(羽)을 하는 모습에서 익히다, 연습하다, 닦다라는 뜻을 나타내게 된 한자입니다.

✏️ 빈 칸에 알맞게 쓰세요.

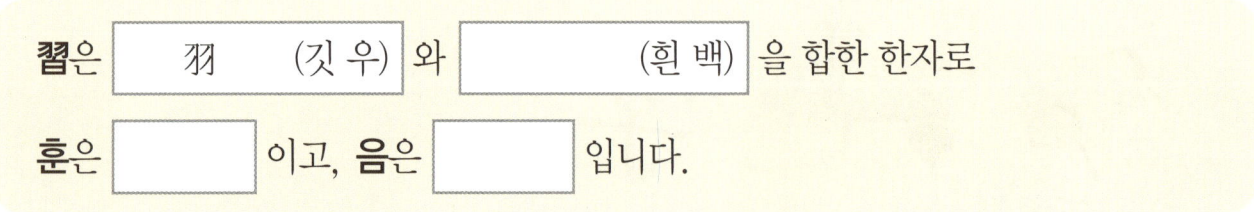

習은 [羽 (깃 우)]와 [　　 (흰 백)]을 합한 한자로
훈은 [　　]이고, 음은 [　　]입니다.

확인하기 羽 : 깃 우   白 : 흰 백(B2-7)   • 白은 희다라는 뜻이 아니라 해를 뜻하는 日이 변한 모양입니다.

🔍 習의 부수와 총획수를 알아보고 빈 칸에 알맞게 쓰세요.

| 習 익힐 습 | 부수 – 羽   총획 – 11획 ▶羽는 '깃 우' 입니다. |

· **習**의 **훈**은 [　　] 이고, **음**은 [　　] 입니다.

· **習**의 **부수**는 [　　] 이고, **총획**은 [　　] 입니다.

✏️ 習의 필순을 알아보고 알맞게 쓰세요.

丨 フ ㄱ ㄱㅕ ㄱㅕ ㄱㅕㄱ ㄱㅕㄱㅕ 刁 ㄱㅕㄱㅕ 習 習

• 习은 習의 간체자입니다. 간체자(簡體字)는 중국에서 필획이 많고 복잡한 본래의 정자체를 줄여서 간단히 만든 한자를 말합니다. 곧 중국에서는 習을 习으로 표기합니다.

📖 賞의 훈과 음을 읽어 보세요.

훈:상 음:상

🔍 賞이 만들어진 유래를 알아보세요.

尚 + 貝 → 賞

높일 상   조개 패

尚(높일 상)과 貝(조개 패)를 합한 한자입니다. 貝는 옛날에 돈으로 쓰였으므로 공로를 세운 사람에게 상으로 준다는 것에서 상, 상주다라는 뜻을 나타내게 된 한자입니다. 尚이 그대로 음이 되었습니다.

✍️ 빈 칸에 알맞게 쓰세요.

賞은 | 尚 (높일 상) | 과 | (조개 패) |를 합한 한자로
훈은 | | 이고, 음은 | | 입니다.

[확인하기] 尚 : 높일 상   貝 : 조개 패(B3-9)

🔍 賞의 부수와 총획수를 알아보고 빈 칸에 알맞게 쓰세요.

賞
상 상

부수 - 貝   총획 - 15획

▶ 貝는 '조개 패' 입니다.

· 賞의 **훈**은 [　　] 이고, **음**은 [　　] 입니다.
· 賞의 **부수**는 [　　] 이고, **총획**은 [　　] 입니다.

✏️ 賞의 필순을 알아보고 알맞게 쓰세요.

확인하기 • 赏은 賞의 간체자입니다. 간체자(簡體字)는 중국에서 필획이 많고 복잡한 본래의 정자체를 줄여서 간단히 만든 한자를 말합니다. 곧 중국에서는 賞을 赏으로 표기합니다.

술술술 漢字 동화

동화를 읽고 보기 에서 알맞은 한자나 음을 찾아 쓰세요.

아가씨와 우유 1

어느 장날이었습니다. 한 아가씨가 우유가 가득 든 통을 머리에 이고 길을 가고 있었습니다. 그녀는 **商人**□□의 딸로서 우유를 짜서 **市場**□□에 내다 팔아 생활하는 사람이었습니다. 아가씨는 여러 가지 생각을 하며 걸었습니다.

'우유를 팔아서 무엇을 살까? 그렇지! 달걀을 사야지. 달걀에서 병아리가 나오면 잘 키워서 큰 닭으로 만들어야지. 그러면 거기서 또 달걀을 얻는 건 당연한 **原理**□□ 아니겠어?' 아가씨는 빙긋이 웃었습니다.

보기   원리   상인   시장   學習   眞理

그러다가 문득 한 가지 생각이 떠올랐지요.

'가만! 늘 작은 달걀이나 주어다 팔아봤자 뭐가 남겠어?

아버지가 늘 말씀하셨지. 장사는 점점 불려 나가는 거라고 말야.

아버지께 **배우고** □ **익힌** □ **진리** □ □를 왜 생각 못했을까?'

아가씨는 끊임없이 생각했습니다.

"좋아, 닭이 어느 정도 크면 팔아서 염소를 사야지. 염소는 아무거나 잘 먹으니까 금방 클 거야. 그럼 그걸 팔아서 돼지 새끼를 사야지!"

아기씨의 공상은 꼬리에 꼬리를 물었습니다.

― 계속 ―

原 : 근원 원(E1-3)   商 : 장사 상(G2-6)   人 : 사람 인(A3-11)   市 : 시장 시(E1-1)   場 : 마당 장(G3-9)

빈 칸에 알맞게 쓰고 眞으로 이루어지는 한자어를 알아보세요.

1.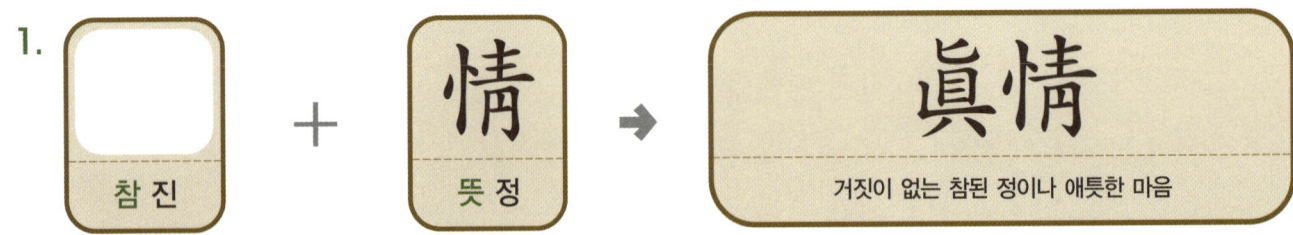

우리 민족 모두가 하나된 마음으로 평화 통일을 위해 眞情(　　　)으로 노력한다면, 우리의 소원인 통일은 가까운 시일 안에 꼭 이루어질 것입니다.

2.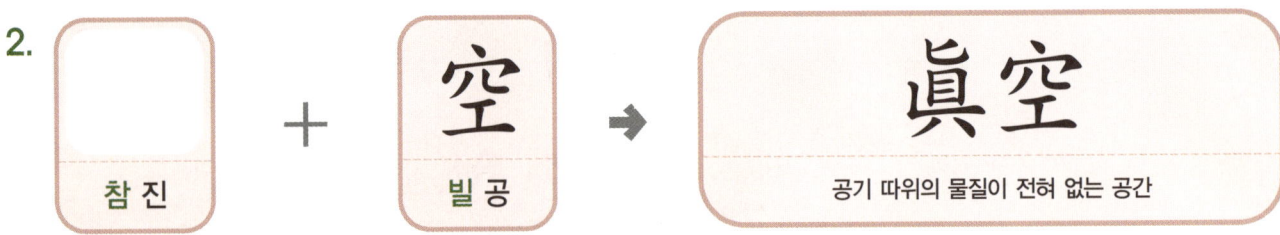

장소에 따라 眞空(　　　) 청소기를 사용하기도 하는데, 眞空 청소기는 청소하는 곳에 알맞게 먼지를 빨아들이는 세기를 조절하여 사용하는 것이 효율적입니다.

3.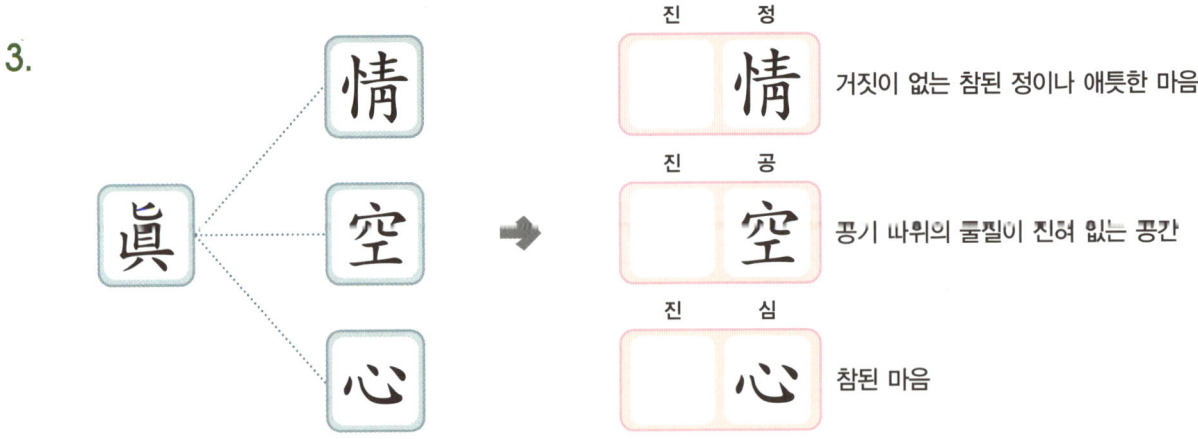

情 : 뜻 정(F4-14)　　空 : 빌 공(G2-5)　　心 : 마음 심(B1-3)

理로 漢字語 만들기

빈 칸에 알맞게 쓰고 理로 이루어지는 한자어를 알아보세요.

1.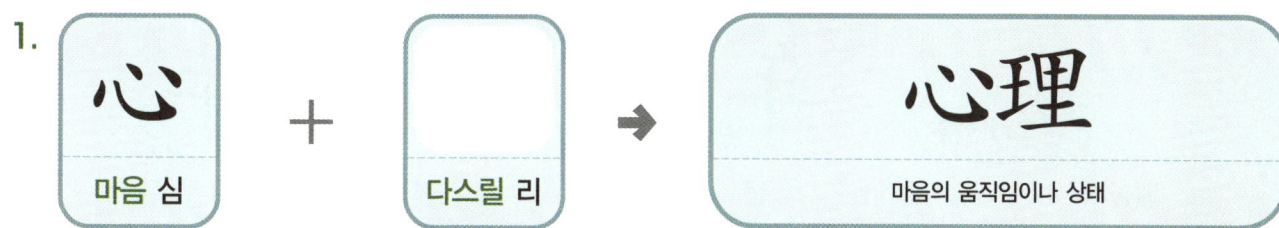

소아 비만의 원인은 크게 유전, 환경, **心理**(　　　), 병 등 네 가지이다. 과식이나 운동 부족, 잘못된 식사 습관 등으로 비만해지는 경우가 대부분이다.

2.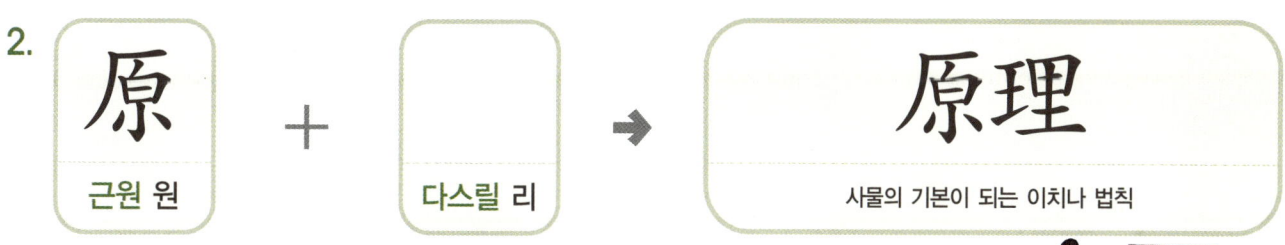

정약용은 중국에서 들여온 서양의 새로운 과학 기술과 우리 나라에서 이미 이용되고 있던 도르래의 **原理**(　　　)를 이용하여 거중기를 만들었다.

3.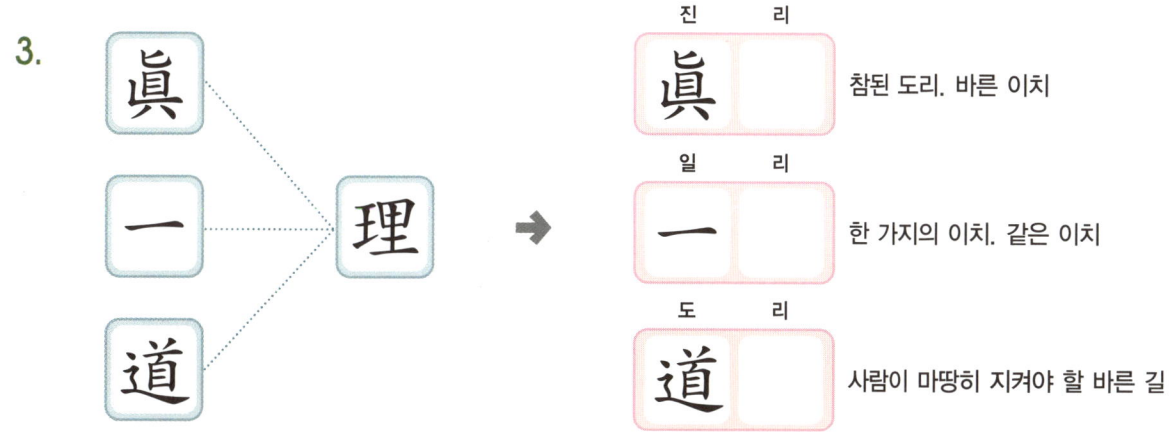

眞理 — 참된 도리. 바른 이치
一理 — 한 가지의 이치. 같은 이치
道理 — 사람이 마땅히 지켜야 할 바른 길

확인하기　心 : 마음 심(B1-3)　原 : 근원 원(E1-3)　一 : 하나 일(A2-5)　道 : 길 도(D3-10)

기탄한자 G4-235b

學으로 漢字語 만들기

빈 칸에 알맞게 쓰고 學으로 이루어지는 한자어를 알아보세요.

1.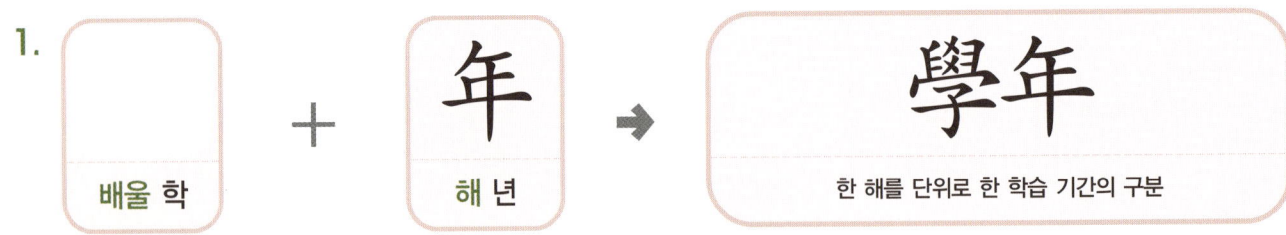

몸이 아픈 친구가 있으면 책가방을 들어 주거나 청소를 대신해 줍니다. 그리고 1, 2**學年**(　　　) 동생들에게 재미 있는 이야기를 들려주기도 합니다.

2.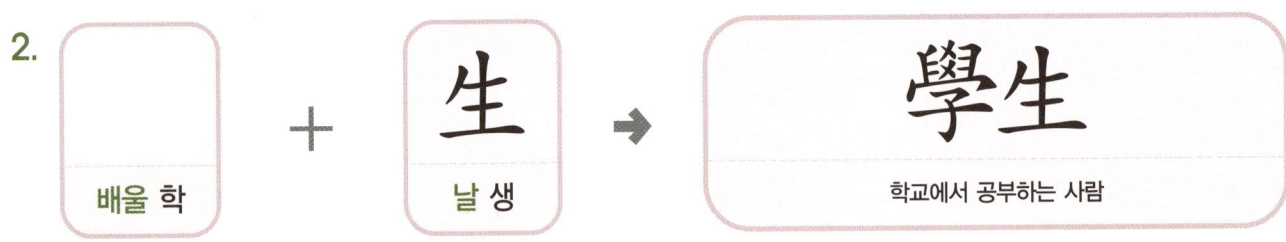

이번 주 학습 토의 주제는 '초등 **學生**(　　　)의 컴퓨터 게임은 통제되어야 하는가? 입니다.

3.

| 確認하기 | 年 : 해 년(E2-7) | 生 : 날 생(B1-3) | 入 : 들 입(C2-5) | 見 : 볼/뵈올 견/현(D4-14) | 校 : 학교 교(F2-7) |

📖 빈 칸에 알맞게 쓰고 習으로 이루어지는 한자어를 알아보세요.

1.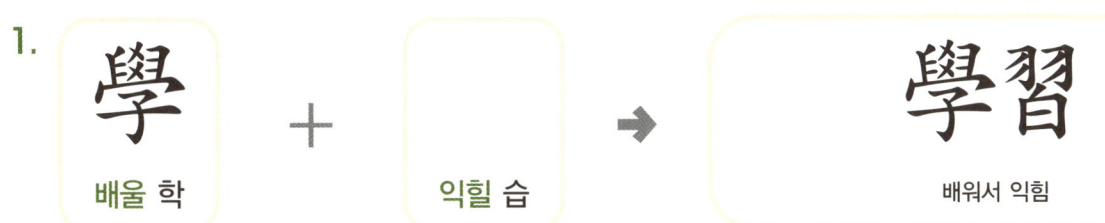

오늘은 영준이네 학교 학생들이 현장 **學習**(　　　)을 하는 날입니다. 현장 **學習**이 있는 날은 등교길이 즐겁습니다.

2.

윷놀이는 원래 정월 무렵에, 농민들이 그 해 농사가 높은 지대에서 잘 될까, 낮은 지대에서 잘 될까를 점치던 옛날 **風習**(　　　)의 하나였다.

3.

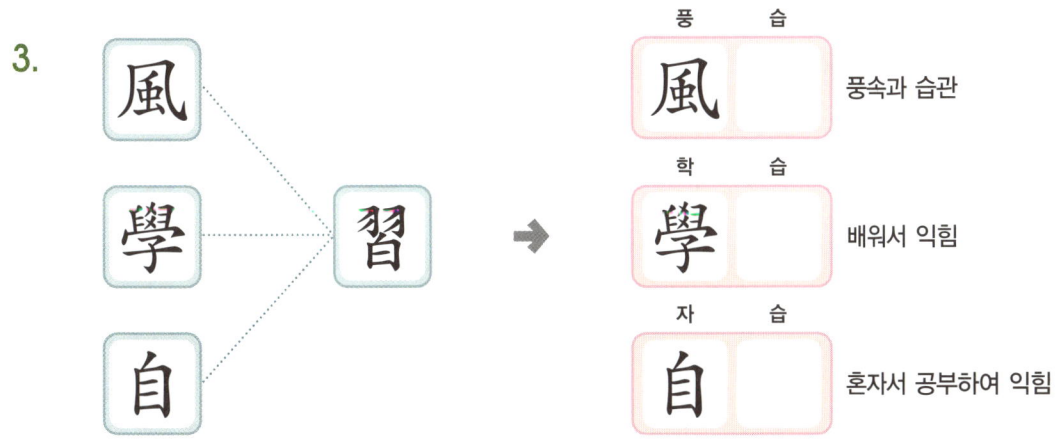

확인하기 風 : 바람 풍(B3-11)　　自 : 스스로 자(B2-6)

賞으로 漢字語 만들기

빈 칸에 알맞게 쓰고 賞으로 이루어지는 한자어를 알아보세요.

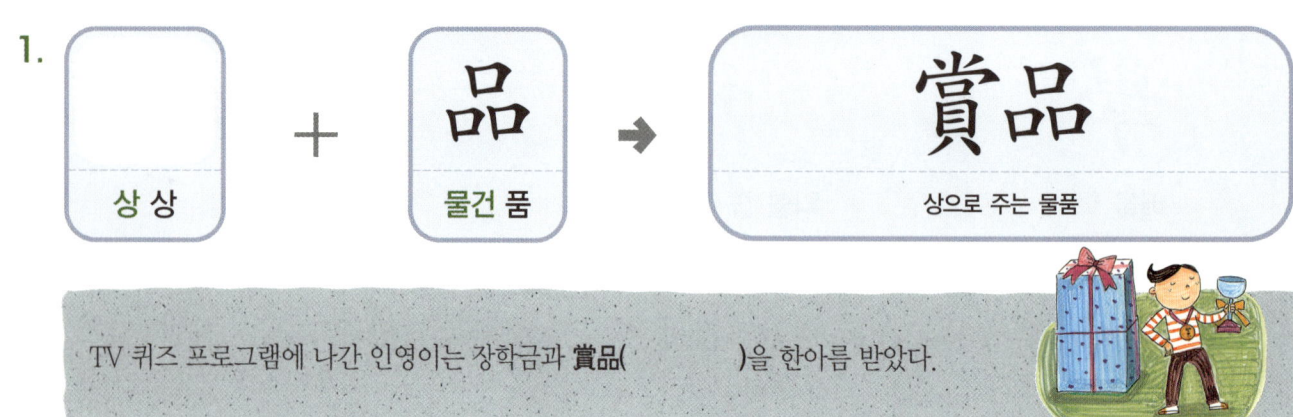

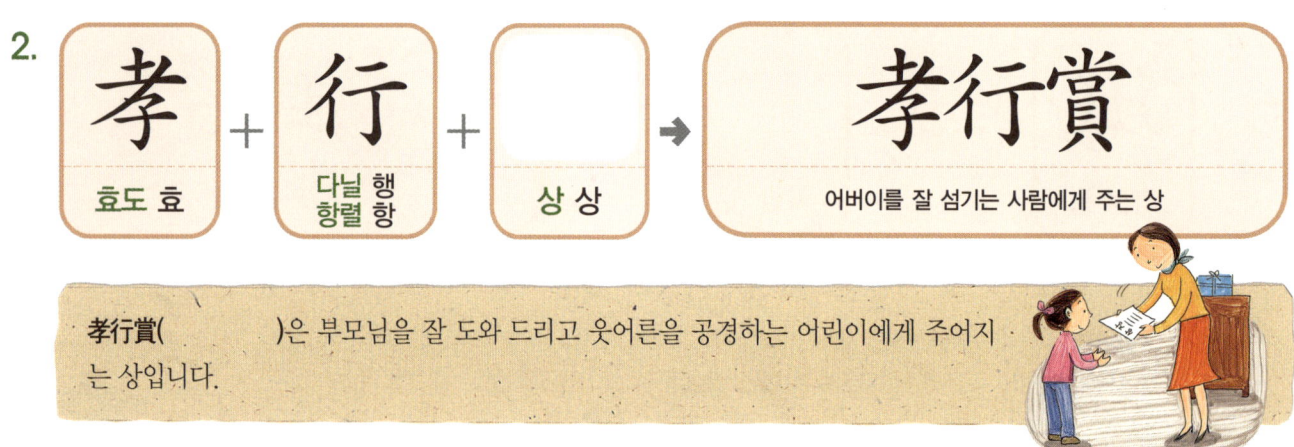

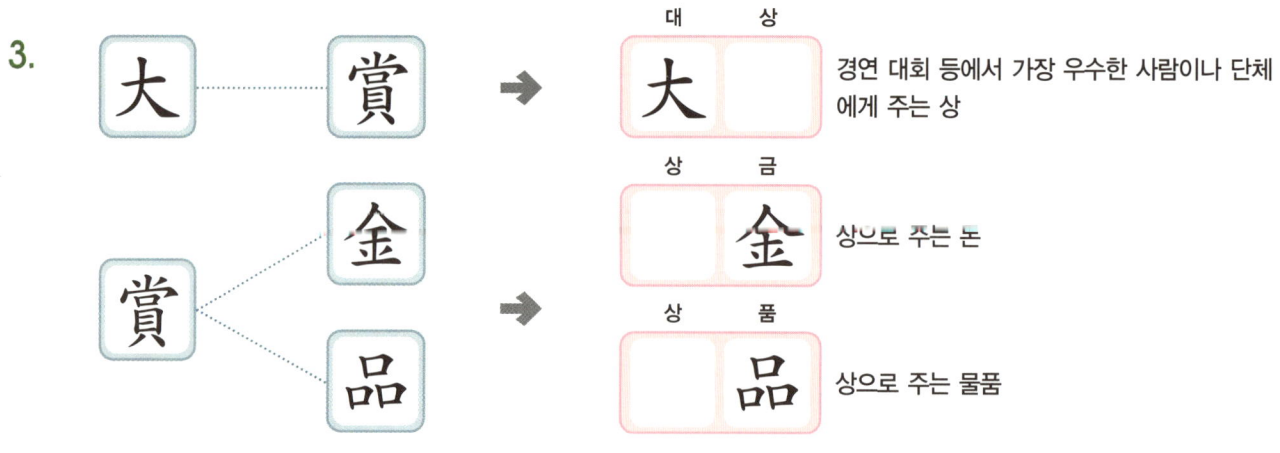

新聞으로 배우는 漢字

신문 기사를 읽고 물음에 답하세요.

나도 新聞을 읽을 수 있어요!
제15호

들리지! 눈 쌓인 숲, ㉠生命의 소리

겨울철 자연의 세계는 경이 그 자체다. 최모 서울대 교수의 ㉡表現을 빌리면, "겨울 숲은 아무 것도 살지 않은 황량한 곳으로 생각되지만 실제로 그 안에 들어가 보면 수많은 생물이 참으로 부지런하게, 치열하게, 아름답게 살아가고 있다"고 힌다. 그 앞에선 오히려 ㉢人間의 겨울나기가 초라해진다. 그 겨울숲에서 삶의 지혜와 ㉣眞理를 건져보자.

'겨울세상(winter world)'이라는 원제가 내용을 더 적절히 반영하는 듯하다. 물론 인간의 상상을 훨씬 뛰어넘는 동물들의 겨울나기가 기둥을 이루고 있지만 거기에는 겨울철 자연의 순리가 고스란히 담겨 있기 때문이다.

미국 메인주와 버몬트 주의 겨울 산골을 돌아다니며 자연을 관찰하고 인간을 성찰하는 저자 또한 겨울 세상의 분명한 주인공이기도 하다. 동물의 세계에서는 경이감이, 자연주의자 하인리히의 산속 삶에서는 겸허함이 느껴진다.

겨울 ㉤風景은 물이 어는 것으로 본격 시작한다. 그런데 그 결빙에 일어나는 한 가지 현상이 참으로 오묘하다. 물의 경우 액체보다 고체가 더 가볍다는 사실이다. 만약에 그 반대였다면 수면의 얼음이 바닥으로 기리앉을 것이고, 시간이 오래 걸리긴 하겠지만 결국 물은 아래에서 위로 얼어붙어 생태계에는 연못이나 냇물이 남지 않을 수도 있을 테니까.

그러다 눈이 내리면 눈 속에서 미물들이 바삐 움직인다. 수많은 새가 눈 속을 파고들어가 이글루와 비슷한 보금자리를 만들어 추위를 피한다. 이들은 눈에 적응하는 차원이 아니라 눈을 적극 활용한다.

그렇다면 족제비·여우·코요테·큰회색부엉이 같은 일부 포식자에겐 먹잇감이 굴 속으로 숨어 버리는 겨울이 시련의 계절인가. 꼭 그렇지만은 않다. 힘든대로 그들 나름대로 지혜를 터득했기에 그 기혹함은 일상이 됐다. 큰회색부엉이의 경우 예리한 청각으로 25m 밖에 떨어진 눈 속의 밭쥐까지 정확히 찾아낸다. 이 부엉이가 7~8m 상공에서 두발을 모아 먹이가 숨은 곳을 내리칠 때면 사람들이 걸어 다닐 수 있는 두께의 눈도 부서진다고 한다.

공기를 호흡하는 동물로 꽁꽁 얼어붙은 겨울 바닥에서 6개월간 버텨내는 거북이, 바깥 온도가 제아무리 추워도 벌집 안의 ㉥氣溫을 섭씨 36도로 유지하는 벌, 특별한 운동을 하지 않고도 겨울 동안 건강하게 살아남는 곰 등. 이들의 생존 전략에서 인간이 배울 점은 무궁무진할 것 같다.

[중앙일보] 2003-12-27

1. ㉠, ㉡, ㉢, ㉣, ㉤, ㉥의 음을 쓰세요.

漢字語 다지기
眞理學習賞

🔹 빈 칸에 알맞은 음을 쓰고 필순에 맞게 한자를 쓰세요.

漢字語	한자 쓰기
1. 眞心 (진심)	眞
2. 原理	理
3. 學生	學 学
4. 學習	習 习
5. 賞品	賞

G4-238a 기탄한자

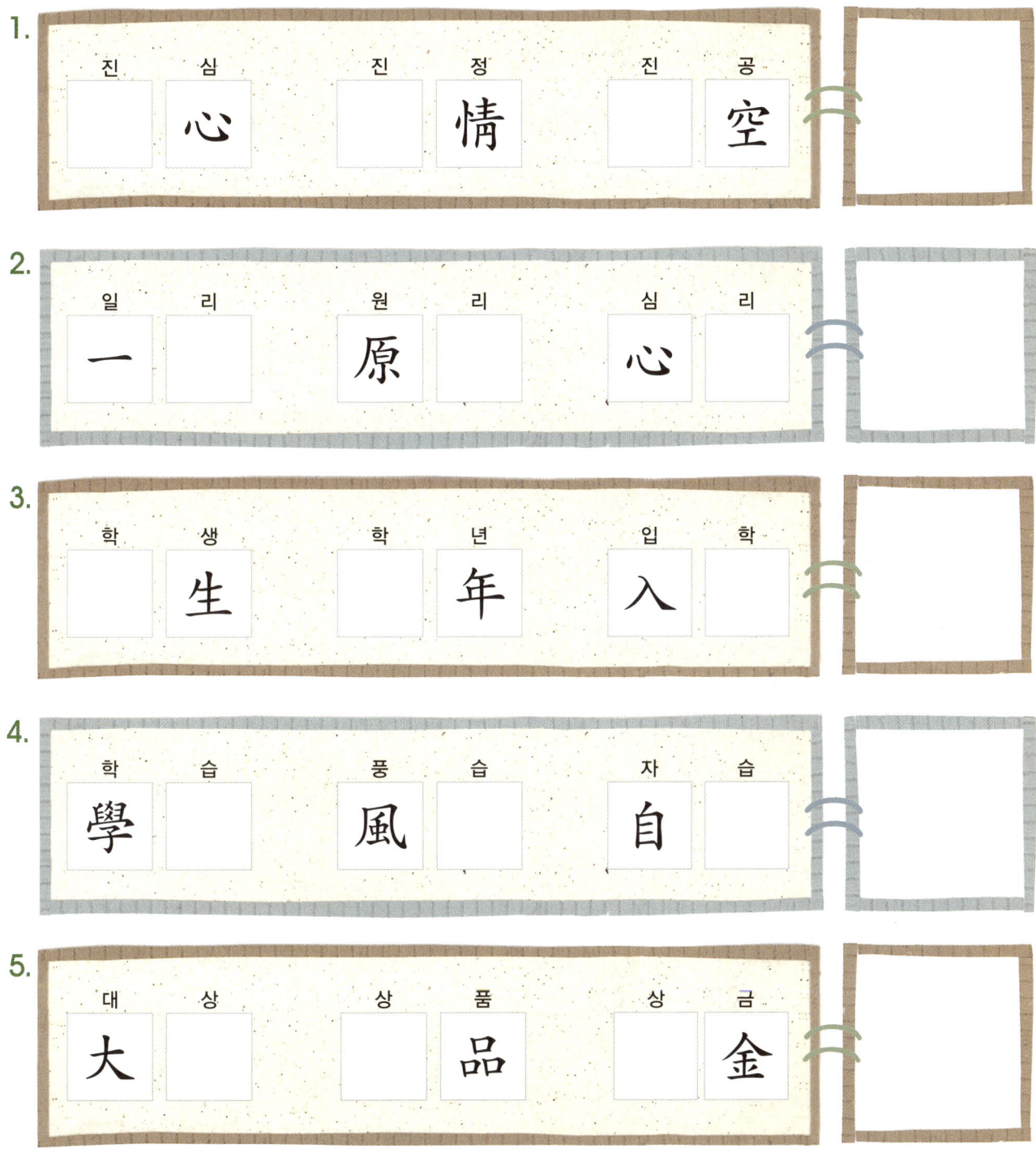

1. 서로 관련 있는 것끼리 선으로 이으세요.

眞 ・　　　　　・ 배울　　　　　・ 상

學 ・　　　　　・ 상　　　　　　・ 진

理 ・　　　　　・ 참　　　　　　・ 학

習 ・　　　　　・ 다스릴　　　　・ 습

賞 ・　　　　　・ 익힐　　　　　・ 리

2. 다음 빈 칸에 알맞은 한자를 쓰세요.

 진 공 □ 空

 학 생 □ 生

 풍 습 風 □

 상 품 □ 品

3. 다음 빈 칸에 공통적으로 들어갈 한자를 쓰세요.

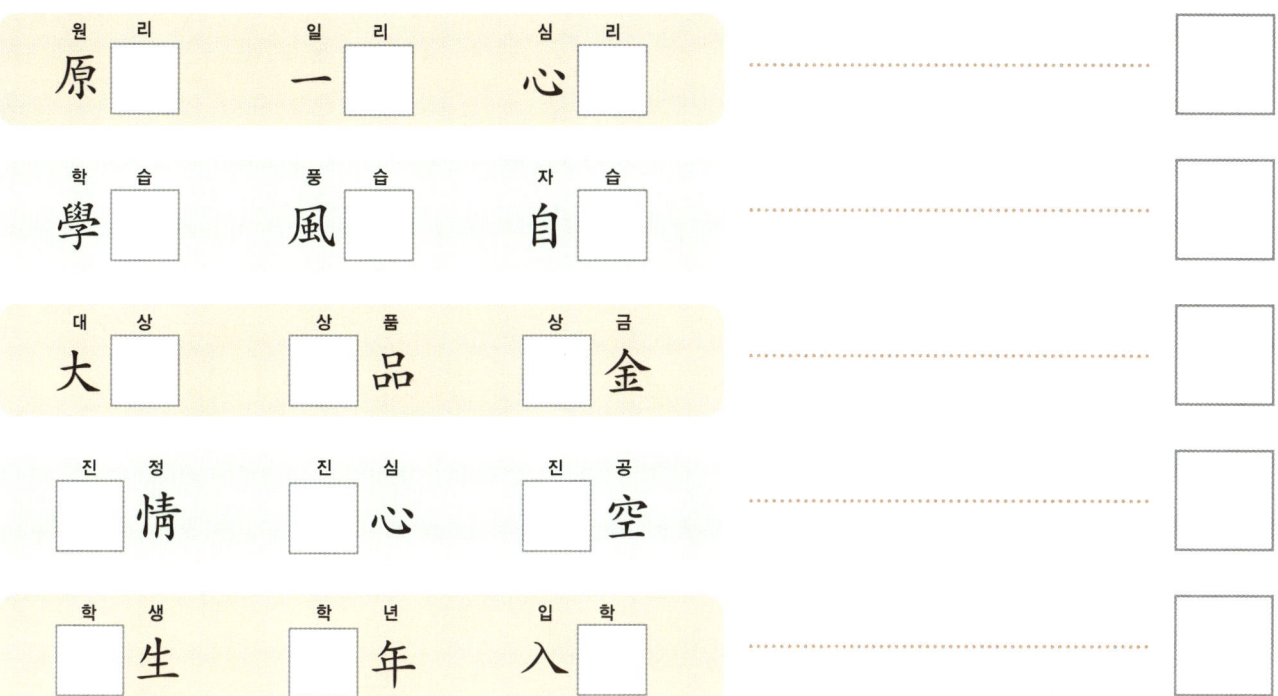

4. 다음 보기 에서 알맞은 한자어를 찾아 쓰세요.

보기: 眞心　　一理　　學生　　學習　　孝行賞

• 나는 초등학생이고 우리 형은 중 [學][生] 입니다.

• 부모님을 잘 도와 드리고 웃어른을 공경하는 어린이가 [孝][行][賞] 후보입니다.

• 내일은 야외 [學][習] 가는 날이라 가방에 음료수와 과자를 담았습니다.

• 내가 어려울 때 [眞][心] 으로 도와 주는 친구가 진정한 친구입니다.

• 그 이유도 [一][理] 가 있다고 생각되어서 잘못을 용서해 주었습니다.

용기와 마음

옛날 사람들은 진정한 용기는 쓸개에서 나온다고 믿었습니다. 그래서 배짱이 두둑하고 용감한 사람을 大(큰 대)와 쓸개를 뜻하는 膽(쓸개 담)을 써서 大膽(대담)하다고 표현합니다. 이와 관련된 재미 있는 이야기가 있습니다.

제갈공명의 부하 중에 강유라는 사람이 있었습니다. 평소 의리 있고 용감한 행동으로 사람들은 그를 가장 용맹한 사람으로 평하곤 하였습니다. 제갈공명이 죽은 뒤 강유는 상대편 적장과의 싸움에 져서 항복하게 되었습니다. 그는 포로가 되어 반란을 도모하다가 진압군들과의 싸움에서 져서 전사하게 되었습니다. 사람들은 그의 쓸개가 얼마나 큰지 궁금하여 배를 갈라보게 되었는데 실제로 보통 사람들의 쓸개 크기보다 훨씬 큰 한 말이나 되었다고 합니다. 생전에 보여 준 그의 대담함은 실제 쓸개 크기의 대담과 일치하였던 거죠.

옛날 사람들은 심장이 사람의 마음을 주관하고 있다고 믿었습니다. 그래서 心이 쓰인 한자들은 대부분 사람의 마음과 관련된 뜻이 됩니다.
이러한 생각을 잘 드러내고 있는 이야기가 있습니다.

고대 중국의 전설적인 명의인 편작이 있었습니다. 편작은 사람의 장기인 오장 육부를 투시하는 능력까지 지니고 있었습니다. 하루는 괵나라를 지나다가 그 나라의 태자가 죽었다는 소식을 듣고 궁궐로 가서 주치의가 죽었다고 단정한 태자를 20여일 만에 살려내기도 한 명의입니다. 이렇게 신기한 의술을 펼치던 편작이 하루는 두 사람의 심장을 바꾸는 수술을 하였습니다. 수술에서 깨어난 두 사람은 서로 집을 바꾸어 찾아갔습니다. 뿐만 아니라 각자의 가족도 몰라보았다는 이야기가 전해 내려옵니다. 용기를 관장하는 쓸개, 사람의 마음을 주관하는 심장, 건강하게 잘 지키도록 해야겠죠.

확인하기 大 : 큰 대(A4-14)   膽 : 쓸개 담   心 : 마음 심(B1-3)

 眞 참 진

 理 다스릴 리

 學 배울 학

 習 익힐 습

 賞 상 상

眞 理 學 習 賞

참 진　다스릴 리　배울 학　익힐 습　상 상

G4집 15호 한자 카드

理	眞
習	學
眞理學習賞	賞

G단계 15호 해답

225a 1. 높을 고, 낮을 저, 즐길/풍류/좋아할 락/악/요, 아침 조

2.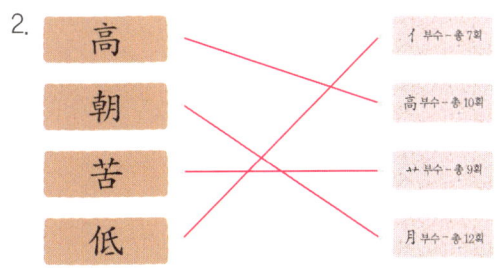

225b 3. 高貴, 低溫, 苦行, 音樂   4. 조상, 작가, 왕조
226a 진정, 일리
226b 학생, 학습
227a 상품
228a 참, 진
228b 참, 진, 目, 10획
229a 里, 다스릴, 리
229b 다스릴, 리, 玉, 11획
231a 子, 배울, 학
231b 배울, 학, 子, 16획
232a 白, 익힐, 습
232b 익힐, 습, 羽, 11획
233a 貝, 상, 상
233b 상, 상, 貝, 15획
234a 상인, 시장, 원리
234b 學, 習, 眞理
235a 1. 眞, 진정   2. 眞, 진공   3. 眞, 眞, 眞
235b 1. 理, 심리   2. 理, 원리   3. 理, 理, 理
236a 1. 學, 학년   2. 學, 학생   3. 學, 學, 學
236b 1. 習, 학습   2. 習, 풍습   3. 習, 習, 習
237a 1. 賞, 상품   2. 賞, 효행상   3. 賞, 賞, 賞

237b 1. ㉠ - 생명, ㉡ - 표현, ㉢ - 인간, ㉣ - 진리, ㉤ - 풍경, ㉥ - 기온
238a 1. 진심   2. 원리   3. 학생   4. 학습   5. 상품
238b 1. 眞   2. 理   3. 學   4. 習   5. 賞
239a 1. 眞-참, 學-배울, 理-다스릴, 習-익힐, 賞-상 / 상-진학, 참-학, 다스릴-습, 익힐-리

2. 眞, 學, 習, 賞
239b 3. 理, 習, 賞, 眞, 學
4. 學生, 孝行賞, 學習, 眞心, 一理

형성평가

1. ①   2. ②   3. 習, 익힐 습
4. 賞   5. 학생   6. 상품
7. 學   8. 習   9. 賞
10. 원리 — 原 — 理
11. 상금 — 金
12. 학습 — 學 — 賞 — 習
13. 賞品
14. 風習
15. 道理
16. ①
17. ①
18. ④
19. 眞空
20. 風習

펴낸이 : 정지향
펴낸곳 : ㈜기탄교육
기획·편집·디자인 : 기탄교육연구소
주소 : 06698 서울특별시 서초구 효령로 42 기탄출판문화센터
등록 : 제22-1740호
전화 : (02) 586-1007
팩스 : (02) 586-2337

※서점에 갈 시간이 없거나 구하기 어려운 분은 인터넷 또는 전화로 신청하세요. 즉시 우송해 드립니다.
• www.gitan.co.kr

ⓒ 2005 ㈜기탄교육 All rights reserved.
저작권자의 동의 없이 본 교재를 무단으로 복제하거나 전재하는 것을 금합니다.

G 단계에서 배운 한자들

眞	참 진
理	다스릴 리
學	배울 학
習	익힐 습
賞	상 상

漢字	訓音	漢字	訓音	漢字	訓音	漢字	訓音	漢字	訓音
高	높을 고	低	낮을 저	苦	쓸 고	樂	즐길/풍류/좋아할 락/악/요	朝	아침 조
貴	귀할 귀	愛	사랑 애	病	병 병	死	죽을 사	敬	공경 경
物	물건 물	件	물건 건	發	필 발	電	번개 전	書	글 서
問	물을 문	答	대답할 답	登	오를 등	場	마당 장	省	살필/덜 성/생
春	봄 춘	夏	여름 하	秋	가을 추	冬	겨울 동	溫	따뜻할 온
現	나타날 현	在	있을 재	協	도울 협	商	장사 상	事	일 사
社	모일 사	會	모일 회	技	재주 기	能	능할 능	部	거느릴/떼 부
夜	밤 야	景	볕 경	成	이룰 성	功	공 공	者	사람 자
時	때 시	間	사이 간	空	빌 공	氣	기운 기	集	모일 집
果	열매 과	實	열매 실	夫	남편 부	婦	아내 부	美	아름다울 미
重	무거울 중	要	요긴할 요	活	살 활	動	움직일 동	得	얻을 득

받아쓰기

♥ 엄마가 한자나 한자어를 부르고 아이가 받아쓰도록 합니다.

16호

기탄교과서한자 G단계 4집 241a~256a

G4집
193a-256a

G4집
16호
241a-256a

초등 교과서 한자어를 총체 분석한 어휘력 향상 한자 학습 프로그램

기탄 교과서 한자

공부한 날 월   일 ~ 월   일
          교   반
이름   전화

www.gitan.co.kr

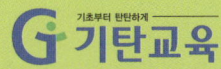
기초부터 탄탄하게
기탄교육

G단계 학습 한자 일람

	G단계						
1집	果, 實, 夫, 婦, 美	2집	時, 間, 空, 氣, 集	3집	問, 答, 登, 場, 省	4집	物, 件, 發, 電, 書
	重, 要, 活, 動, 得		現, 在, 協, 商, 事		春, 夏, 秋, 冬, 溫		高, 低, 苦, 樂, 朝
	夜, 景, 成, 功, 者		社, 會, 技, 能, 部		貴, 愛, 病, 死, 敬		眞, 理, 學, 習, 賞
	복습		복습		복습		복습

학습 진단 관리표

	한자		한자어		이번 주는
	읽기	쓰기	읽기	쓰기	
금주평가	Ⓐ 아주 잘함	Ⓐ 아주 잘함	Ⓐ 아주 잘함	Ⓐ 아주 잘함	● 학습방법 ❶ 매일매일 ❷ 가끔 ❸ 한꺼번에 하였습니다.
	Ⓑ 잘함	Ⓑ 잘함	Ⓑ 잘함	Ⓑ 잘함	● 학습태도 ❶ 스스로 잘 ❷ 시켜서 억지로 하였습니다.
	Ⓒ 보통	Ⓒ 보통	Ⓒ 보통	Ⓒ 보통	● 학습흥미 ❶ 재미있게 ❷ 싫증내며 하였습니다.
	Ⓓ 노력해야 함	Ⓓ 노력해야 함	Ⓓ 노력해야 함	Ⓓ 노력해야 함	● 교재내용 ❶ 적합하다고 ❷ 어렵다고 ❸ 쉽다고 하였습니다.
	지도 교사가 부모님께				부모님이 지도 교사께

종합평가	Ⓐ 아주 잘함	Ⓑ 잘함	Ⓒ 보통	Ⓓ 노력해야 함

G4집
241a-256a

이번 주 학습 포인트

1 일차
241a~244b
- '복습해요'를 통해 G4집에서 익힌 15자의 훈, 음, 형을 복습합니다.
- G4집에서 익힌 15자의 부수, 총획수, 자원, 훈음을 한 번 더 복습합니다.
- 부수의 명칭은 반드시 암기하도록 하지 말고 한자의 생성 원리를 이해하도록 합니다.

2 일차
245a~248b
- 만화를 통해 고사성어 臥薪嘗膽의 뜻과 쓰임을 알아보고 적절한 때 사용할 수 있습니다.
- G4집에서 익힌 15자로 만들어지는 한자어의 음과 뜻을 한 번 더 복습합니다.
- 알고 있는 한자어는 일기 쓰기, 신문 읽기 등을 통해 생활 속에서 써보는 연습을 합니다.

3 일차
249a~252b
- 동화 '이기씨와 우유'를 읽고 지금까지 배운 한자를 문장 속에 활용해 익힙니다.
- G4집에서 익힌 15자의 훈, 음, 형을 쓰기를 통해 복습합니다.
- G4집에서 익힌 15자로 만들어지는 한자어를 복습합니다.

4 일차
253a~254b
- G4집에서 익힌 한자어를 재미 있는 퍼즐 형식에 담아 풀어 봅니다.
- 인물 이야기 'X-ray를 발견한 뢴트겐'의 생애를 알고 학습 한자를 익혀 봅니다.
- 신문 기사를 읽고 알고 있는 한자를 기사문에 적용해 봅니다.

5 일차
255a~256a
- 풀어보기를 통해 G4집에서 익힌 15자를 복습하고 읽을거리 '낭과 패'를 읽고 올바른 쓰임을 알아봅니다.
- 형성평가를 풀어 보고 G4집의 학습 성취도를 스스로 진단해 보도록 합니다.

복습해요

빈 칸에 알맞은 훈음을 쓰세요.

物
1. ___

件
2. 물건 건

發
3. ___

電
4. ___

書
5. ___

高
6. ___

低
7. ___

苦
8. ___

9.
10. 아침 조
11.
12.

13.
14.
15.

物 件 發 電 書

다음 한자의 부수를 찾아 ◯하고, 필순에 맞게 한자를 쓰세요.

1. 物   ㉠牛 亻 攵
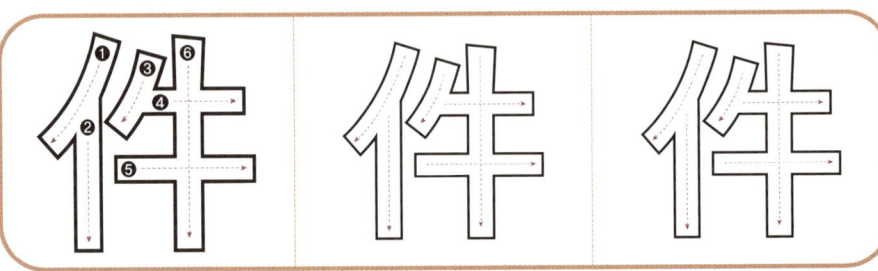

2. 件   生 亻 十

3. 發   广 雨 癶

4. 電   雨 一 日
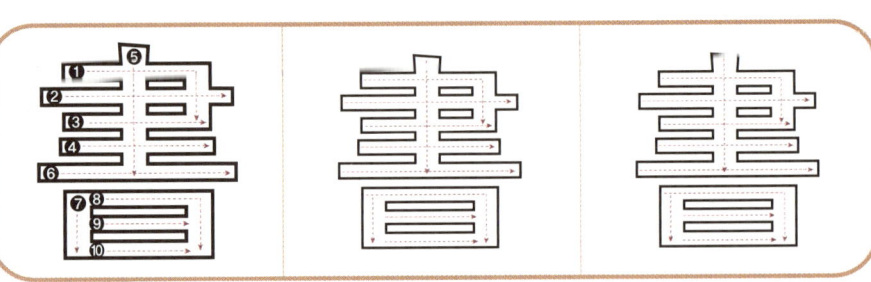

5. 書   聿 日 土

확인하기   牛 : 소 우(B1-1)   亻 : 사람 인(A3-11)   癶 : 필 발   雨 : 비 우(B3-10)   日 : 가로 왈

빈 칸에 알맞게 쓰세요.

1. 物은 ☐ (소 우)와 勿 (말 물)을 합한 한자로 훈은 ☐ 이고, 음은 ☐ 입니다.

2. 件은 ☐ (사람 인)과 ☐ (소 우)를 합한 한자로 훈은 ☐ 이고, 음은 ☐ 입니다.

3. 發은 癶 (짓밟을 발)과 弓 (활 궁)을 합해 만든 한자로 훈은 ☐ 이고, 음은 ☐ 입니다.

4. 電은 ☐ (비 우)와 申 (펼 신)을 합한 한자로 훈은 ☐ 이고, 음은 ☐ 입니다.

5. 書는 聿 (붓 율)과 曰 (가로 왈)을 합한 한자로 훈은 ☐ 이고, 음은 ☐ 입니다.

확인하기 勿 : 말 물   癶 : 짓밟을 발   弓 : 활 궁   申 : 펼 신   聿 : 붓 율

高低苦樂朝

다음 한자의 부수를 찾아 ◯하고, 필순에 맞게 한자를 쓰세요.

1.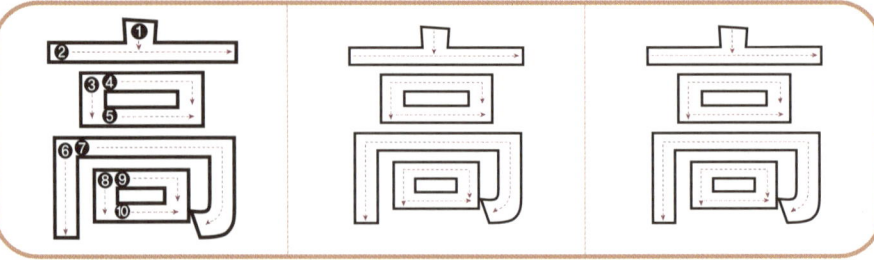

2.

3.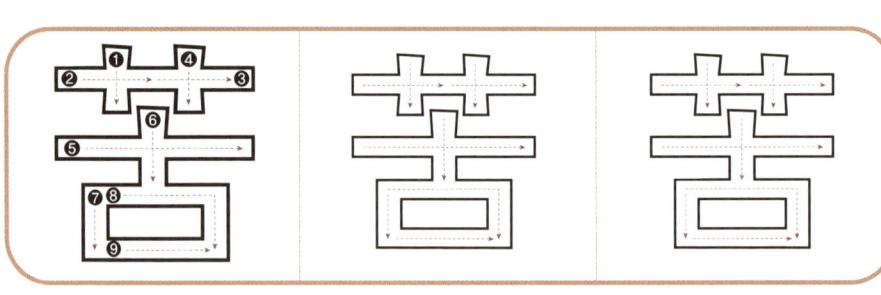

4.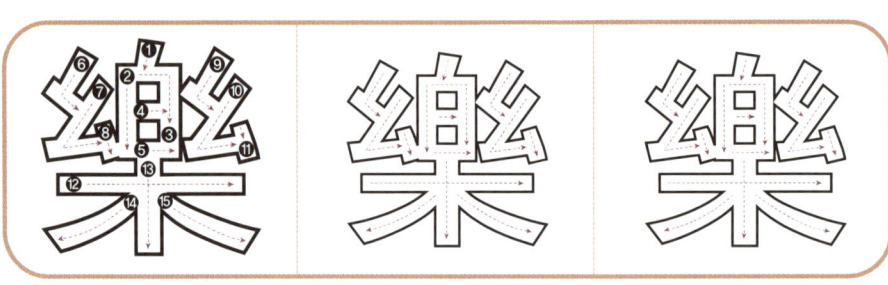

5.

확인하기 高 : 높을 고(G4-14)   人 : 사람 인(A3-11)   艹 : 풀 초   木 : 나무 목(A1-3)   月 : 달 월(A1-2)

빈 칸에 알맞게 쓰세요.

1. 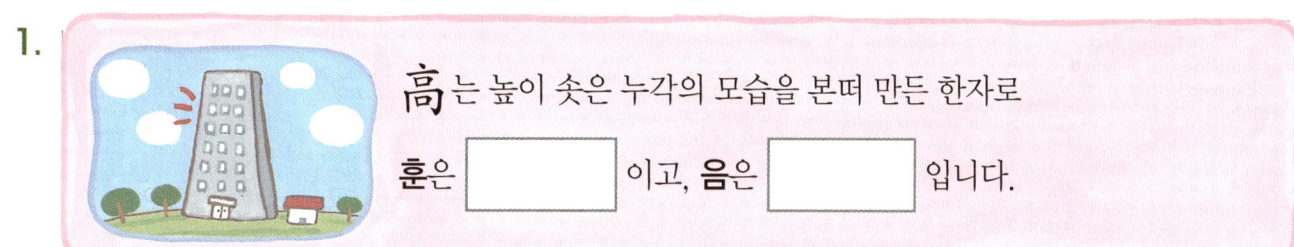 高는 높이 솟은 누각의 모습을 본떠 만든 한자로
훈은 [ ] 이고, 음은 [ ] 입니다.

2. 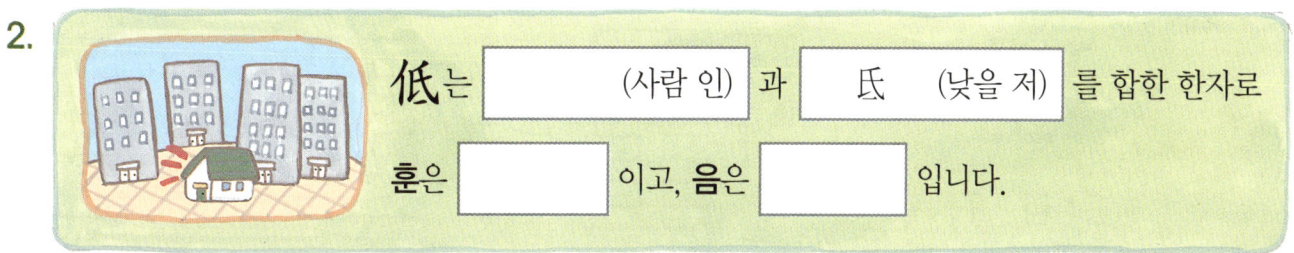 低는 [ ] (사람 인) 과 氏 (낮을 저) 를 합한 한자로
훈은 [ ] 이고, 음은 [ ] 입니다.

3. 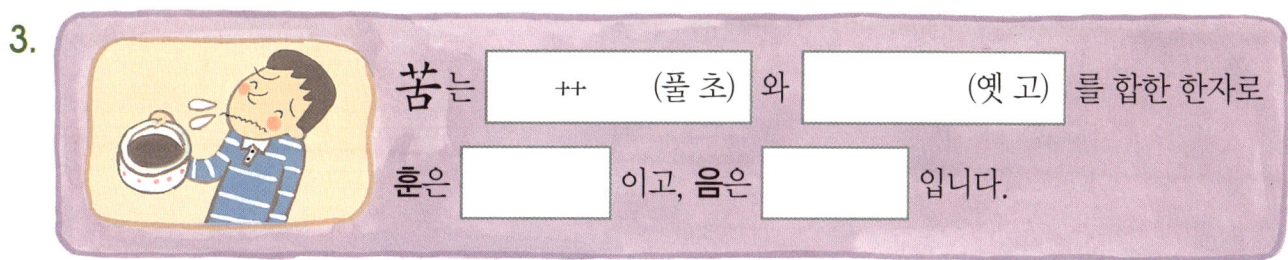 苦는 ++ (풀 초) 와 [ ] (옛 고) 를 합한 한자로
훈은 [ ] 이고, 음은 [ ] 입니다.

4. 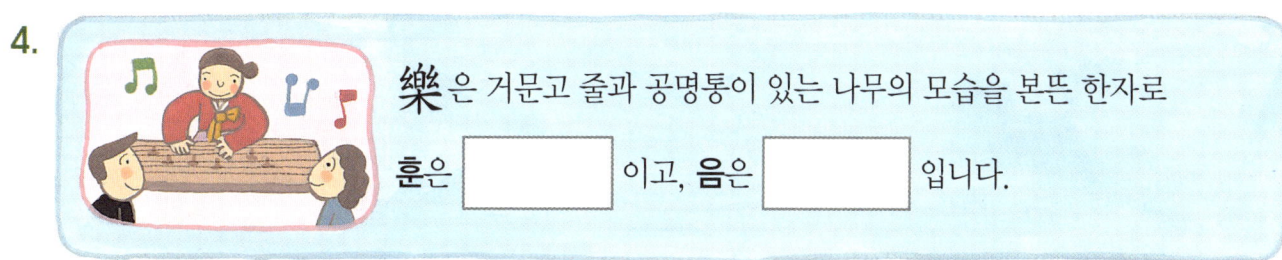 樂은 거문고 줄과 공명통이 있는 나무의 모습을 본뜬 한자로
훈은 [ ] 이고, 음은 [ ] 입니다.

5. 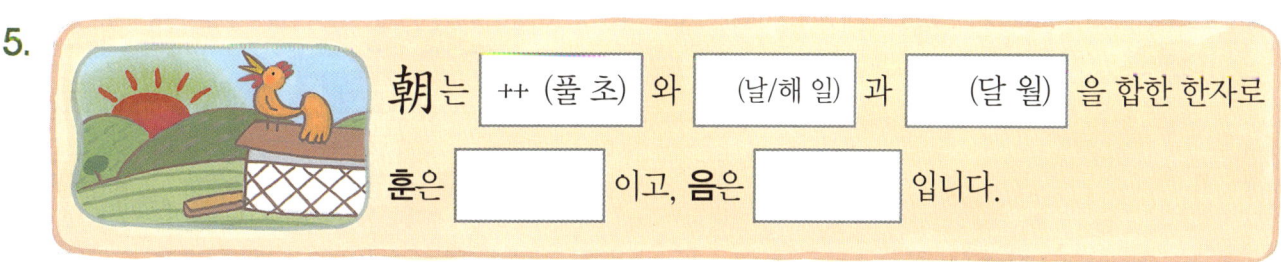 朝는 ++ (풀 초) 와 [ ] (날/해 일) 과 [ ] (달 월) 을 합한 한자로
훈은 [ ] 이고, 음은 [ ] 입니다.

확인하기 氏 : 낮을 저   古 : 옛 고(C3-11)   日 : 날/해 일(A1-1)

☞ 다음 한자의 부수를 찾아 ○하고, 필순에 맞게 한자를 쓰세요.

1. 眞   水 ⓜ 土

2. 理   玉 目 子
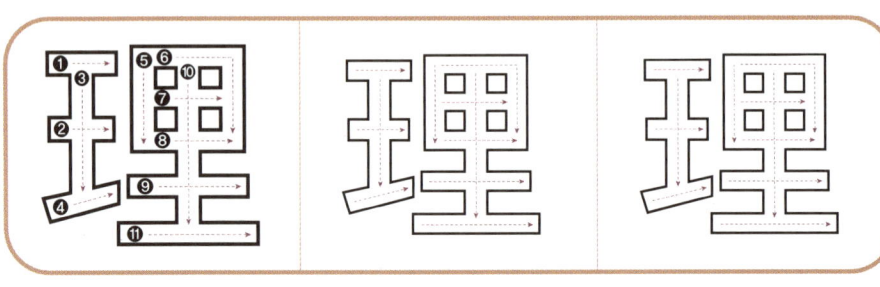

3. 學   ++ 宀 子
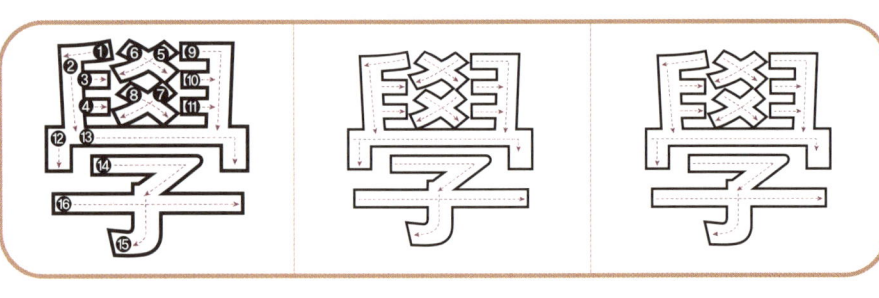

4. 習   羽 日 百
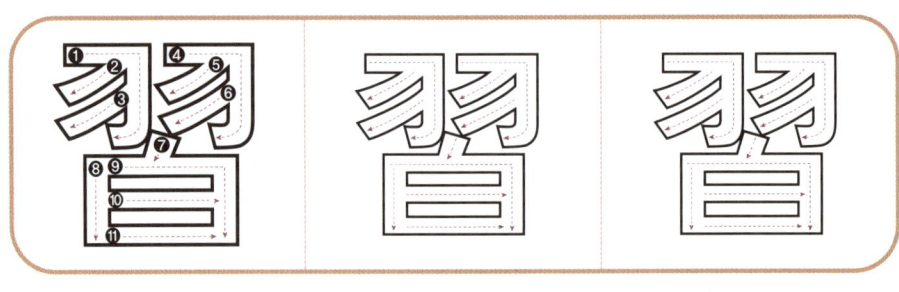

5. 賞   子 貝 宀
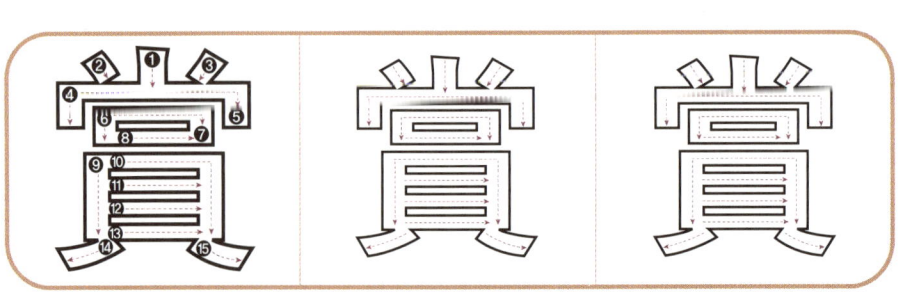

目 : 눈 목(A3-10)   玉 : 구슬 옥(A4-13)   子 : 아들 자(B1-2)   羽 : 깃 우   貝 : 조개 패(B3-9)

빈 칸에 알맞게 쓰세요.

1. 眞은 匕 (숟가락 비) 와 鼎 (솥 정) 을 합한 한자로 훈은 [ ] 이고, 음은 [ ] 입니다.

2. 理는 [ ] (구슬 옥) 과 [ ] (마을 리) 를 합한 한자로 훈은 [ ] 이고, 음은 [ ] 입니다.

3. 學은 臼(절구 구) 와 爻(수효 효), 冖(덮을 멱), [ ] (아들 자) 를 합한 한자로 훈은 [ ] 이고, 음은 [ ] 입니다.

4. 習은 羽 (깃 우) 와 [ ] (흰 백) 을 합한 한자로 훈은 [ ] 이고, 음은 [ ] 입니다.

5. 賞은 尚 (높일 상) 과 [ ] (조개 패) 를 합한 한자로 훈은 [ ] 이고, 음은 [ ] 입니다.

확인하기 匕 : 비수/숟가락 비   鼎 : 솥 정   里 : 마을 리(B3-11)   白 : 흰 백(B2-7)   尚 : 높일 상

히히깔깔 고사성어

臥薪嘗膽

臥 : 누울 와 薪 : 섶나무 신 嘗 : 맛볼 상 膽 : 쓸개 담

臥薪嘗膽
와신상담

원수를 갚거나 어떤 목적을 이루기 위해 괴로움을 참고 견딤을 비유하는 말입니다. 일부러 섶나무 위에서 자고 쓰디 쓴 곰쓸개 맛을 보며 패전의 굴욕을 되새겼다는 오왕 부차와 월왕 구천의 고사에서 유래된 성어입니다.

漢字語 다지기
物 件 發 電 書

🐭 그림과 한자어를 연결하고 빈 칸에 음을 쓰세요.

1.

2.

3.

4.

5.

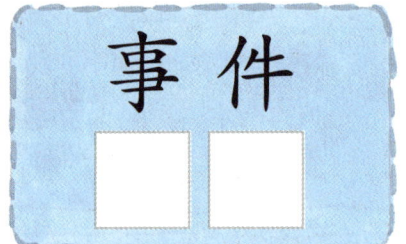

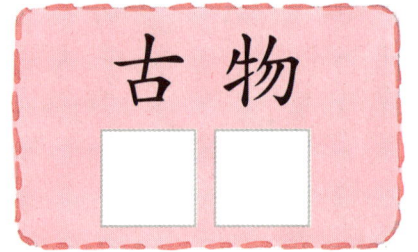

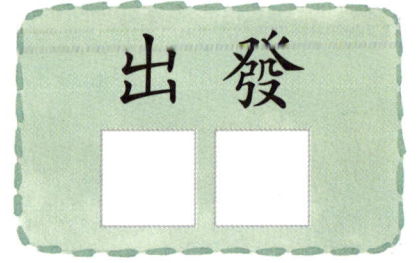

확인하기 車 : 수레 거/차(B2-5)   文 : 글월 문(C1-1)   事 : 일 사(G2-6)   古 : 옛 고(C3-11)   出 : 날 출(C2-5)

빈 칸에 알맞게 쓰세요.

1. 物
   - 生物(□□) : 생명을 가지고 스스로 살아가는 물체
   - □□(문물) : 법률, 학문, 예술, 종교 따위 문화의 산물

2. 件
   - □□(물건) : 일정한 형체를 갖추고 있는 모든 물질적 존재
   - 用件(□□) : 볼일. 용무

3. 發
   - □□(발생) : 어떤 현상이 일어남
   - 發表(□□) : 널리 드러내어 알림

4. 電
   - □□(전력) : 전류가 단위 시간에 하는 일
   - 電氣(□□) : 전자의 이동으로 생기는 에너지의 한 형태

5. 書
   - 古書(□□) : 옛 책
   - 文書(□□) : 실무상 필요한 사항을 문장으로 적어서 나타낸 글

生 : 날 생(B1-3)　　用 : 쓸 용(D1-3)　　表 : 겉 표(E3-11)　　力 : 힘 력(A4-14)　　氣 : 기운 기(G2-5)

高 低 苦 樂 朝

그림과 한자어를 연결하고 빈 칸에 음을 쓰세요.

1.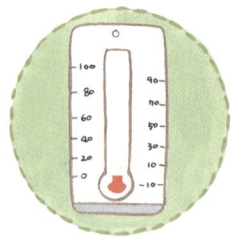

2.

3.

4.

5.

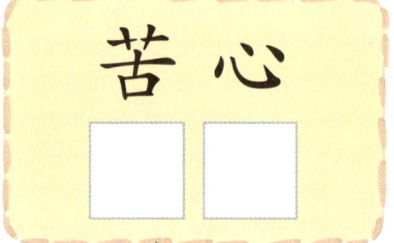
苦 心

音 樂

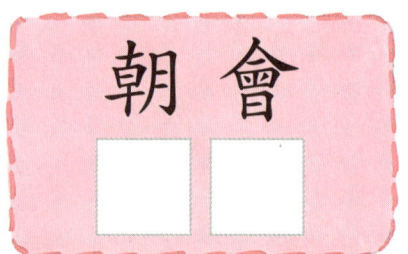
朝 會

高 貴

低 溫

心 : 마음 심(B1-3)　　音 : 소리 음(D1-1)　　會 : 모일 회(G2-7)　　貴 : 귀할 귀(G3-11)　　溫 : 따뜻할 온(G3-10)

빈 칸에 알맞게 쓰세요.

1. 高
   □□ (고음) : 높은 소리
   高溫(□□) : 높은 온도

2. 低
   低溫(□□) : 낮은 온도
   低下(□□) : 높이 있던 것이 낮아짐

3. 苦
   苦生(□□) : 괴롭고 어려운 생활
   苦心(□□) : 마음과 힘을 다하여 애씀

4. 樂
   安樂(□□) : 근심 걱정이 없이 편안하고 즐거움
   音樂(□□) : 소리의 높이, 길이, 세기를 조화시켜서 어떤 느낌이나 감정을 나타내는 예술의 한 형태

5. 朝
   朝夕(□□) : 아침과 저녁
   王朝(□□) : 같은 왕가에서 차례로 왕위에 오르는 왕들의 계열. 또는 그 왕가가 다스리는 동안

下 : 아래 하(A4-15)   生 : 날 생(B1-3)   安 : 편안 안(F1-2)   夕 : 저녁 석(B4-14)   王 : 임금 왕(B2-7)

漢字語 다지기

眞 理 學 習 賞

그림과 한자어를 연결하고 빈 칸에 음을 쓰세요.

1.

2.    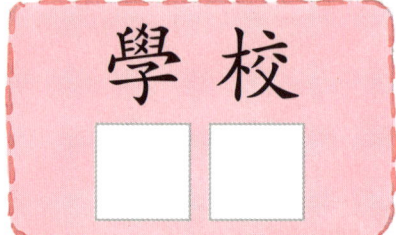
眞 空

3.    
學 校

4.    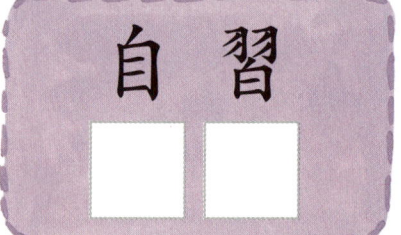
心 理

5.    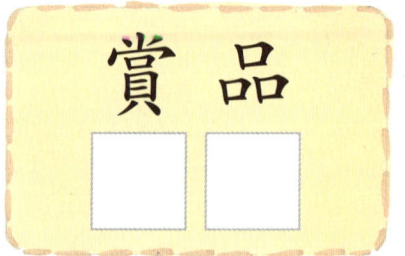
自 習

賞 品

空 : 빌 공(G2-5) 校 : 학교 교(F2-7) 心 : 마음 심(B1-3) 自 : 스스로 자(B2-6) 品 : 물건 품(E1-1)

G4-248a 기탄한자

빈 칸에 알맞게 쓰세요.

1. 眞
眞情(□□) : 거짓이 없는 참된 정이나 애틋한 마음
眞空(□□) : 공기 따위의 물질이 전혀 없는 공간

2. 理
□□(도리) : 사람이 마땅히 지켜야 할 바른 길
原理(□□) : 사물의 기본이 되는 이치나 법칙

3. 學
學年(□□) : 한 해를 단위로 한 학습 기간의 구분
學生(□□) : 학교에서 공부하는 사람

4. 習
學習(□□) : 배워서 익힘
風習(□□) : 풍속과 습관

5. 賞
□□(상품) : 상으로 주는 물품
賞金(□□) : 상으로 주는 돈

情 : 뜻 정(F4-14) 道 : 길 도(D3-10) 原 : 근원 원(E1-3) 年 : 해 년(E2-7) 生 : 날 생(B1-3) 風 : 바람 풍(B3-11)
金 : 쇠/성 금/김(A1-3)

술술술 漢字 동화

동화를 읽고 보기 에서 알맞은 한자나 음을 찾아 쓰세요.

아가씨와 우유 2

'돼지를 팔면 그 돈으로 무슨 物件 [ ][ ]을 살까? 옳지! 아주 멋지고 화려한 드레스를 살 거야. 잔칫날 그 옷을 입고 댄스 파티에 나가야지. 거기서 당연히 최고의 상[ ]을 받게 되겠지? 동네 청년들은 眞心 [ ][ ]으로 나와 춤을 추고 싶어할 거야.'

아가씨는 즐거워 어쩔 줄을 몰랐습니다.

'제일 잘생긴 청년과 춤을 춰야지. 그 청년은 나에게 청혼하게 될 거야. 호호호.'

보기   진심   물건   진리   학습   발견   賞

하지만 즐거운 생각에 너무 깊이 빠진 아가씨는 눈 앞에 있는 낮은 울타리를 미쳐 **發見**□□하지 못했습니다. 그 바람에 그만 꽈당 넘어져 버렸지요. 우유가 가득 찬 통은 아가씨 머리에서 떨어져 곤두박질쳤습니다. 물론 통 속의 우유는 몽땅 바닥에 쏟아지고 말았습니다. 결국 아가씨의 화려한 꿈은 하루 아침에 물거품이 되고 말았습니다.

헛된 꿈만 꾸다가는 모든 것을 잃어버린다는 이치를 몰랐던 거지요.

아마 아가씨는 그 일이 있은 후에야 성실하게 일하는 것이 제일이라는 **眞理**□□를 **學習**□□했겠지요?

心 : 마음 심(B1-3)　　見 : 볼/뵈올 견/현(D4-14)

마무리 하기

物 件 發 電 書

빈 칸에 알맞은 훈음을 쓰고 필순에 맞게 한자를 쓰세요.

		필순	한자 쓰기		
1.	物	丿 ㅗ 牛 牛 牜 牧 物 物	物	物	
2.	件	丿 亻 亻 仁 仁 件	件	件	
3.	發	丿 ㄢ 癶 癶 癶 癶 癶 発 發 發 發	發	發	发	发
4.	電	一 冖 雨 雨 雨 雨 雪 雪 雪 雷 電	電	電	电	电
5.	書	乛 ㄱ ㅋ ㅋ 聿 聿 聿 書 書 書	書	書	书	书

G4-250a 기탄한자

빈 칸에 알맞은 한자를 쓰세요.

1. 物

古 ☐	文 ☐	人 ☐
고물	문물	인물

2. 件

物 ☐	事 ☐	用 ☐
물건	사건	용건

3. 發

☐ 生	出 ☐	☐ 明
발생	출발	발명

4. 電

☐ 力	☐ 子	☐ 車
전력	전자	전차

5. 書

文 ☐	古 ☐	☐ 名
문서	고서	서명

마무리 하기

高低苦樂朝

빈 칸에 알맞은 훈음을 쓰고 필순에 맞게 한자를 쓰세요.

1.	高	丶 亠 宀 古 吉 户 高 高 高 高 高 高
2.	低	丿 亻 仁 仁 仟 低 低 低 低
3.	苦	一 十 卄 艹 艹 芊 苦 苦 苦 苦
4.	樂	丿 冂 白 白 泊 纳 绡 绁 維 維 樂 樂 樂 樂 樂 乐 乐
5.	朝	一 十 十 古 古 直 直 卓 훽 朝 朝 朝 朝 朝

빈 칸에 알맞은 한자를 쓰세요.

1. 高
   - [高] 音 — 고음
   - [高] 溫 — 고온
   - [高] 貴 — 고귀

2. 低
   - [低] 溫 — 저온
   - [低] 下 — 저하
   - [低] 利 — 저리

3. 苦
   - [苦] 生 — 고생
   - [苦] 心 — 고심
   - [苦] 行 — 고행

4. 樂
   - 音 [樂] — 음악
   - 安 [樂] — 안락
   - [樂] 山 — 요산

5. 朝
   - 王 [朝] — 왕조
   - [朝] 夕 — 조석
   - [朝] 會 — 조회

G4-251b

마무리 하기

眞 理 學 習 賞

🔹 빈 칸에 알맞은 훈음을 쓰고 필순에 맞게 한자를 쓰세요.

眞 1.	｜ ヒ ヒ ゲ ゲ 旨 旨 直 眞 眞			
	眞	眞	真	真
理 2.	一 二 丁 王 玎 珇 玾 理 理 理 理			
	理	理		
學 3.	' ｢ ｢ ﾄ ﾄ ﾄ ﾄ ﾀ ﾀ ﾀ ﾀ ﾀ 學 學 學			
	學	學	学	学
習 4.	｢ ヲ ヲ 尹 ヲﾞ ヲﾞ ヲﾞ 習 習			
	習	習	习	习
賞 5.	｜ ｜ ｜ｨ ｜ｨ ｜ｨ ｜ｨ 当 当 賞 賞 賞 賞 賞			
	賞	賞	赏	赏

G4-252a 기탄한자

빈 칸에 알맞은 한자를 쓰세요.

1. 眞

□情	□空	□心
진정	진공	진심

2. 理

心□	原□	眞□
심리	원리	진리

3. 學

□年	□生	入□
학년	학생	입학

4. 習

學□	風□	自□
학습	풍습	자습

5. 賞

□品	□金	大□
상품	상금	대상

설명에 맞도록 빈 칸에 알맞은 한자를 써 넣어 퍼즐을 완성하세요.

① 인물 : 사람과 물건. 어떤 역할을 하는 사람
③ 출발 : 길을 떠남
⑥ 고온 : 높은 온도
⑧ 진심 : 참된 마음
⑩ 상품 : 상으로 주는 물품

② 물건 : 일정한 형체를 갖추고 있는 모든 물질적 존재
④ 발명 : 그때까지 없던 기술이나 물건 따위를 스스로 생각해 내거나 만들어 냄
⑤ 저온 : 낮은 온도
⑥ 고귀 : 인품이나 지위가 높고 귀함
⑦ 대상 : 경연 대회 등에서 가장 우수한 사람이나 단체에게 주는 상
⑨ 심리 : 마음의 움직임이나 상태

人物 이야기로 배우는 漢字

📖 인물 이야기에 쓰인 한자어를 읽어 보세요.

X-ray를 발견한 뢴트겐

뢴트겐은 최초의 노벨 물리학상을 받은 독일의 물리학자입니다.

그는 사람의 몸 속을 들여다 볼 수 있는 X선을 처음으로 發見했습니다. 이 위대한 발견의 첫 실험 상대는 그와 생사 苦樂을 같이 한 아내였다고 합니다.

그가 X선을 발견하자 세계 각국의 신문들은 그 사실을 대서특필했습니다.

많은 사람들이 높은 관심을 보였습니다. 어느 날 아침, 독일의 한 電氣 회사 직원이 뢴트겐을 찾아왔습니다.

"무슨 用件이오?"

"저희 회사에 X선의 특허권을 주십시오. 평생 돈 걱정 없이 살 수 있도록 해 드리겠습니다."

그 말을 들은 뢴트겐은 크게 화를 냈습니다.

"나는 X선을 發明한 것이 아니오. 단지 발견했을 뿐이오. 내 맘대로 X선의 특허를 낼 수 없소!"

그리고 그는 덧붙였습니다.

"X선은 내 것이 아니라 모든 사람의 것이오!"

이렇듯 그는 眞心으로 인류를 위해 연구하는 과학자였던 것입니다. 그로 인해 현대 의학은 눈부시게 성장했다고 할 수 있습니다.

發見 : 발견   苦樂 : 고락   電氣 : 전기   用件 : 용건   發明 : 발명   眞心 : 진심

뢴트겐 [1845.3.27~1923.2.10]
독일의 물리학자로 프로이센의 레네프에서 태어났습니다.
수학과 화학을 전공했으며 독일 뮌헨대학의 교수를 역임했습니다. 방사선의 일종인 X선을 발견하였고 현대 의학발전에 크게 공헌했습니다. 이 업적으로 1901년 노벨 물리학상을 수상했습니다.

新聞으로 배우는 漢字

신문 기사를 읽고 물음에 답하세요.

나도 新聞을 읽을 수 있어요!   제16호

[신나는 공부] 물건값 계산… 약도 그리기… 수학을 재밌게

이사를 할 때 자신이 직접 짐을 정리하면 무엇이 어디 있는지 금방 찾을 수 있다. 반면 포장이사처럼 다른 사람이 짐 정리를 해주면 나중에 ㉠物件을 찾기가 쉽지 않다.

수학도 이와 마찬가지로 자신의 머릿속에 개념과 구조가 형성돼 있어야 스스로 답을 찾아낼 수 있다.

포장이사처럼 ㉡原理에 대한 이해 없이 다른 사람이 만든 구조를 외우면 문제 해결력과 독창성이 떨어질 수밖에 없다.

2008학년도 이후 대학 입시에서는 대학별 논술, 구술, 면접고사 비중이 강화될 것으로 전망됨에 따라 원리 이해를 바탕으로 창의력을 키우는 것이 더욱 중요해졌다.

숭실대 수학과 황모 교수는 "어릴 때부터 교구 ㉢活動 등 다양한 경험을 할수록 직관력과 공간 구조 파악 능력 등이 발달하고 원리 파악을 비롯해 독창성을 발휘하는 데 도움이 된다."고 말했다. 황 교수는 또 "혼자 공부하면 제한적인 사고를 하기 쉬우므로 수학은 혼자 공부하는 과목이라는 인식을 벗어버려야 한다"며 "남과 나의 생각을 비교해 생각의 폭을 넓히고 자신의 생각을 상대방에게 전달하는 과정에서 생각을 객관화하는 훈련이 가능해진다"고 조언했다.

생활 속에서 수학을 공부할 수 있는 방법은 무엇일까.

▽숫자 계산은 기본=사칙연산은 수학의 기본이다. 지나치게 계산 위주의 수학 공부를 해 본 경험이 있는 부모 중에서는 아이의 계산 능력에 그다지 관심을 갖지 않는 경우가 종종 있다. 하지만 숫자 계산이 잘 안 되는 아이일수록 금방 수학에 짜증을 내기 쉽다. 때문에 반복해서 계산 능력을 길러줄 필요가 있다. 가게에서 물건을 살 때 아이에게 물건값과 거스름돈을 계산하도록 해 보자.

사칙연산이 실생활에서도 꼭 ㉣必要하다는 사실을 체험하게 해 준다. '사칙연산을 활용해 1, 2, 3, 4 네 개의 숫자로 12를 만들어보기' 등의 놀이를 해 볼 수 있다.

[동아일보] 2004-09-12

1. ㉠, ㉡, ㉢, ㉣의 음을 쓰세요.

1. 다음 한자의 훈음을 쓰세요.

1) 樂　　2) 朝　　3) 高

4) 賞　　5) 理　　6) 眞

7) 低　　8) 苦　　9) 物

10) 學　　11) 件　　12) 書

13) 發　　14) 電　　15) 習

2. 다음 빈 칸에 들어갈 한자를 보기 에서 찾아 쓰세요.

보기　物 件 電 書 高 低 學 苦 朝 眞

16) 文□ 　문물　　17) □年 　학년

18) □利 　저리　　19) 古□ 　고서

20) □子 　전자　　21) □空 　진공

22) □貴 　고귀　　23) 用□ 　용건

24) □心 　고심　　25) 王□ 　왕조

3. 다음 한자어와 풀이를 바르게 연결하세요.

26) 안락 · · 상으로 주는 물품 · · 低溫

27) 학습 · · 어떤 현상이 일어남 · · 安樂

28) 저온 · · 근심 걱정이 없이 편안하고 즐거움 · · 學習

29) 발생 · · 배워서 익힘 · · 發生

30) 상품 · · 낮은 온도 · · 賞品

4. 다음 훈음에 알맞은 한자를 쓰세요.

31) 참 진

32) 다스릴 리

33) 배울 학

34) 물건 물

35) 높을 고

36) 글 서

37) 아침 조

38) 물건 건

낭과 패

옛 전설에 이르길, '낭(狼)'과 '패(狽)'라는 동물이 있었다고 합니다. 낭은 용감했고, 패는 지혜로웠습니다.

그런데 낭과 패에게는 한 가지 고민이 있었습니다. 낭은 앞발은 멀쩡한데 뒷발이 거의 없다고 할 만큼 아주 짧았습니다. 그리고 패는 앞발이 거의 없다고 할 만큼 짧았습니다. 낭과 패는 짝짝이 다리 때문에 제대로 걸을 수 조차 없었습니다. 그러다 패에게 좋은 생각이 떠올랐습니다.

"낭아! 나는 뒷발이 멀쩡하고 너는 앞발이 멀쩡하니까, 서로 의지하면 멀쩡한 네 발이 되어 어디든지 맘대로 갈 수 있지 않을까?"

그때부터 낭과 패는 한 몸처럼 서로 의지하며 다녔습니다.

그러던 어느 날, 그늘에서 쉬고 있던 낭과 패는 너무나 배가 고파 먹을 것을 찾으러 가기로 했습니다.

"패야, 우리 오른쪽으로 가자. 거긴 토끼나 사슴 같은 친구들이 많으니까, 인사도 하고 먹을 것도 나눠 먹을 수 있을 거야."

"싫어. 작은 동물만 오는 게 아니라, 호랑이 같은 무서운 동물들도 오잖아. 그러지 말고 우리 왼쪽으로 가자."

"겁쟁이! 호랑이가 뭐가 무서워? 오른쪽엔 먹을 게 더 많다니까."

"난 겁쟁이 아냐. 오른쪽으로 가고 싶으면 너나 혼자서 가."

사이좋게 지내야 어디로든 갈 수 있을 텐데, 이렇게 아옹다옹 싸우니 한 발짝도 뗄 수가 없었습니다. 한참 동안 등을 돌리고 앉아 있으려니 낭과 패는 배가 고파 쓰러질 것 같았습니다.

이처럼 낭과 패가 사이좋게 지낼 때는 어려움이 없었지만 서로 다투기라도 하는 날에는 한 발짝도 움직이지 못해, 아무 것도 할 수 없었습니다. 그때부터 일이 실패로 돌아가거나, 아무 것도 못하게 되는 경우를 가리켜 '낭패(狼狽)'라고 부르기 시작했습니다.

확인하기 狼 : 이리 낭   狽 : 이리 패

物	件	發	電	書
물건 물	물건 건	필 발	번개 전	글 서

高	低	苦	樂	朝
높을 고	낮을 저	쓸 고	즐길 락 풍류 악 좋아할 요	아침 조

眞	理	學	習	賞
참 진	다스릴 리	배울 학	익힐 습	상 상

物 件 發 電 書

高 低 苦 樂 朝

眞 理 學 習 賞

G단계 16호 해답

241a 1. 물건 물 2. 물건 건 3. 필 발
4. 번개 전 5. 글 서 6. 높을 고
7. 낮을 저 8. 쓸 고

241b 9. 즐길/풍류/좋아할 락/악/요 10. 아침 조
11. 참 진 12. 다스릴 리 13. 배울 학
14. 익힐 습 15. 상 상

242a 1. 牛 2. 亻 3. ⺲ 4. 雨 5. 日

242b 1. 牛, 물건, 물 2. 亻, 牛, 물건, 건
3. 필, 발 4. 雨, 번개, 전 5. 글, 서

243a 1. 高 2. 亻 3. ⺾ 4. 木 5. 月

243b 1. 높을, 고 2. 亻, 낮을, 저 3. 古, 쓸, 고
4. 즐길/풍류/좋아할, 락/악/요
5. 日, 月, 아침, 조

244a 1. 目 2. 玉 3. 子 4. 羽 5. 貝

244b 1. 참, 진 2. 玉, 里, 다스릴, 리
3. 子, 배울, 학 4. 白, 익힐, 습 5. 貝, 상, 상

246a 전차, 문서, 사건, 고물, 출발

246b 1. 생물, 文物 2. 物件, 용건 3. 發生, 발표
4. 電力, 전기 5. 고서, 문서

247a 고심, 음악, 조회, 고귀, 저온

247b 1. 高音, 고온 2. 저온, 저하 3. 고생, 고심
4. 안락, 음악 5. 조석, 왕조

248a 진공, 학교, 심리, 자습, 상품

248b 1. 진정, 진공 2. 道理, 원리 3. 학년, 학생
4. 학습, 풍습 5. 賞品, 상금

249a 물건, 賞, 진심

249b 발견, 진리, 학습

253b ① 物 ② 物, 件 ③ 發
④ 發, 明 ⑤ 低 ⑥ 高
⑦ 賞 ⑧ 眞 ⑨ 理
⑩ 賞, 品

254b 1. ㉠ – 물건, ㉡ – 원리, ㉢ – 활동, ㉣ – 필요

255a 1) 즐길/풍류/좋아할 락/악/요 2) 아침 조
3) 높을 고 4) 상 상 5) 다스릴 리
6) 참 진 7) 낮을 저 8) 쓸 고
9) 물건 물 10) 배울 학 11) 물건 건
12) 글 서 13) 필 발 14) 번개 전
15) 익힐 습 16) 物 17) 學
18) 低 19) 書 20) 電
21) 眞 22) 高 23) 件
24) 苦 25) 朝

255b 26) 안락 – 安樂
27) 학습 – 學習
28) 저온 – 低溫
29) 발생 – 發生
30) 상품 – 賞品

(연결: 안락-근심 걱정이 없이 편안하고 즐거움, 학습-배워서 익힘, 저온-낮은 온도, 발생-어떤 현상이 일어남, 상품-상으로 주는 물품)

31) 眞 32) 理 33) 學
34) 物 35) 高 36) 書
37) 朝 38) 件

형성평가

1. 理 2. 書 3. ② 4. ①
5. 件, 물건 건 6. 樂 7. 출발
8. 사건 9. 문서 10. 왕조 11. 件
12. 眞 13. 高 14. ② 15. ③
16. ③ 17. 高貴 18. 苦行 19. 古物
20. 音樂

펴낸이 : 정지향
펴낸곳 : (주)기탄교육
기획·편집·디자인 : 기탄교육연구소
주소 : 06698 서울특별시 서초구 효령로 42 기탄출판문화센터
등록 : 제22-1740호
전화 : (02) 586-1007
팩스 : (02) 586-2337

※서점에 갈 시간이 없거나 구하기 어려운 분은 인터넷 또는 전화로 신청하세요. 즉시 우송해 드립니다.
● www.gitan.co.kr

ⓒ 2005 (주)기탄교육 All rights reserved.
저작권자의 동의 없이 본 교재를 무단으로 복제하거나 전재하는 것을 금합니다.

G 단계에서 배운 한자들

한자	훈음
高	높을 고
低	낮을 저
苦	쓸 고
樂	즐길/풍류/좋아할 락/악/요
朝	아침 조
眞	참 진
理	다스릴 리
學	배울 학
習	익힐 습
賞	상 상
貴	귀할 귀
愛	사랑 애
病	병 병
死	죽을 사
敬	공경 경
物	물건 물
件	물건 건
發	필 발
電	번개 전
書	글 서
問	물을 문
答	대답할 답
登	오를 등
場	마당 장
省	살필/덜 성/생
春	봄 춘
夏	여름 하
秋	가을 추
冬	겨울 동
溫	따뜻할 온
現	나타날 현
在	있을 재
協	도울 협
商	장사 상
事	일 사
社	모일 사
會	모일 회
技	재주 기
能	능할 능
部	거느릴/떼 부
夜	밤 야
景	볕 경
成	이룰 성
功	공 공
者	사람 자
時	때 시
間	사이 간
空	빌 공
氣	기운 기
集	모일 집
果	열매 과
實	열매 실
夫	남편 부
婦	아내 부
美	아름다울 미
重	무거울 중
要	요긴할 요
活	살 활
動	움직일 동
得	얻을 득

기획·편집·디자인 기탄교육연구소 | **디자인** So good
원고 집필 서정화 여찬수 김호기 이은영 | **캐릭터 디자인** 강소연 | **일러스트** 1집: 배은정 정진이 박희숙 김은주 윤미란 2집: 강명근 박선영 김희정 이야기상자
3집: 홍경아 이미연 박희숙 김은주 이윤하 4집: 박선영 홍숙희 김예중 김희정 윤지현 | **만화** 양은희 | **전자 편집** 푸른길
주소 06698 서울특별시 서초구 효령로 42 기탄출판문화센터 | **전화** (02) 586-1007 | **팩스** (02) 586-2337
ⓒ 2005 (주)기탄교육 All rights reserved. 본 교재의 저작에 관한 모든 권리는 (주)기탄교육에 있습니다. 저작권자의 동의 없이 본 교재를 무단으로 복제하거나 전재하는 것을 금합니다.